潜入!! 世界の立入禁止区域

「非公開エリア」には何があるのか?

世界ミステリー調査班

宝島 SUGOI 文庫

宝島社

本書は2021年1月に小社より刊行した単行本『絶対に行けないミステリーゾーン！
世界の侵入禁止区域　100の秘密』を改訂・改題し、文庫化したものです。

はじめに

あの「先」に何があるのか？

かつて多くの冒険者たちは、危険を顧《かえり》みず、その「一歩」を踏み出してきた。

だが、いまやお金があれば宇宙にさえ行ける時代となった。人類未踏の「秘境」は、どんどん失われていくだろう。

その意味で国家や政府によって隠蔽され、厳重に隔離された場所こそ、現代の「秘境」ではないだろうか。絶対に立ち入りを許されない侵入禁止エリア。そこに「何が」あるのか。なぜ「隠された」のか。「いつから」禁止エリアになったのか。その「物語」を読み解くことが現代の冒険譚、そういえるかもしれない。

本書は日本を含め、世界各地に点在する「61」の侵入禁止区域を厳選し、そこに存在する「100の秘密」を現時点でわかる情報とともに紹介した。

事故や事件によって、国家的な犯罪の隠蔽のため、大金持ちや王侯貴族の蛮行のため。様々な理由で、その地は世俗から「隔離」されている。残念ながら1カ所たりとも読者が、その場所へ踏み入ることは叶わないだろう。一般人にとってはまさに「未踏の秘境」なのだから。

私たちにできるのは、心の翼を広げて旅をすることだけだ。本書が、その「旅」のガイドブックになれば幸いである。

世界ミステリー調査班

目次 潜入!! 世界の立入禁止区域「非公開エリア」には何があるのか?

3 はじめに

第1章 秘密結社・企業のタブー区域

10 **ビルダーバーグ会議**
ディープ・ステートの「総本山」と目される
完全非公開の〝闇の政府〟閣僚会議

14 **ボヘミアン・グローブ**
歴代米大統領も会員だった社交クラブの
「秘密の儀式」が行われる謎めいた森

18 **バチカン秘密文書館**
キリスト教最大のタブーを隠蔽するため
歴代教皇が受け継いできた「私設図書館」

22 **フリーメイソン・ロッジ**
秘密結社の代名詞「フリーメイソン」で
秘匿される〝殺人を模した儀式〟の存在

26 **スヴァールバル世界種子貯蔵庫**
ビル・ゲイツの主導によって建設された
人類の危機に備えた現代の「ノアの箱舟」

30 **コカ・コーラのレシピ保管庫**
レシピ保管庫は博物館で一般公開するも
レシピ自体は厳重なセキュリティで非公開

34 **グーグル・データセンター**
7万5000台のサーバーが収容可能な
巨大施設に危惧される情報統制

38 **ハワイ・ニイハウ島**
文明との交流を頑なに拒否する一族が
所有・管理する上陸禁止の「秘密」の島

第2章 超常現象ミステリアス区域

44 **ネバーランド・ランチ**
「霊の出没」と「性スキャンダル」でいまなお
買い手のいないマイケル・ジャクソンの豪邸

48 **バーンガル砦**
「夜間侵入禁止」で400年放置された廃墟は
インド政府〝公認〟の呪われた最恐スポット

52 **ポヴェリア島**
ペスト患者の収容所、精神病院での人体実験
自殺者を多数出した世界一幽霊が出る島

56 **ノース・ブラザー島**
ニューヨークで発生した腸チフスなどの
感染症患者を隔離した負の歴史を持つ島

60 **ダルシー地下施設**
宇宙人による人体実験が繰り返される⁉
米軍容認の地下7階、巨大極秘基地の謎

64 **エリア51**
宇宙人提供のUFO9機を用いた
UFO研究施設とされる米空軍基地

68 **エアーズロック**
世界的観光地が立ち入り禁止に
宇宙人と政府の間に〝密約〟が存在か⁉

72 **伊勢神宮**
天皇すら見ることができない
至高の神器が祀られる「内宮正殿」

76 **シオンの聖マリア教会**
立ち入り禁止のユダヤの神器「聖櫃《アーク》」が
所蔵されているというエチオピアの礼拝堂

第3章 国家・軍部の機密区域

82 **武漢ウイルス研究所**
新型コロナの〝発生源〟として世界中から
黒幕扱いされる疑惑の中国国家機関

86 **ネゲヴ原子力研究センター**
イスラエルの核兵器開発が懸念される
砂漠の巨大地下〝秘密工場〟

90 **メンウィズヒル基地**
5カ国共同で安全保障の情報を秘密裏に
収集する「世界最大の盗聴機関」基地

94 **パイン・ギャップ共同防衛施設**
「宇宙研究施設」と嘘の名目で設置された
オーストラリアにある米軍最大の諜報衛星基地

98 **ヴォズロジデニヤ島**
地図にすら記されなかったアラル海に
存在した旧ソ連の〝極秘〟細菌兵器研究所

102 **メジゴーリエ封鎖都市**
第三次世界大戦時に国家指導者クラスが
避難するロシアの地下シェルター施設

106 **モスクワのメトロ2**
シェルターや臨時執務室まで用意された
有事の際の「要人脱出用」秘密メトロ

110 **ウーメラ立ち入り制限区域**
欧米各国が核・兵器実験、宇宙計画を行う
豪州にある〝世界最大規模〟の軍事訓練場

114 マウント・ウェザー緊急事態指揮センター
核戦争後の「米政府存続計画」のために
「影の政府」がつくった超法規的施設

118 CIA本部
〝最強〟諜報機関が共和党派と民主党派に分裂
心臓部で繰り広げられる仁義なき代理戦争

122 DARPA本部
米国防高等研究計画局(DARPA)は
「兵器を開発しない」軍管轄の研究機関

126 HAARP研究施設
地震兵器などへの軍事転用も疑われる
米軍主導の「電離・電波科学」の研究施設

130 ペンタゴン(国防総省本庁舎)
五角形をした独特のフォルムに
隠された米軍総本山の絶対機密

134 江蘇国家安全教育館
スパイの歴史とグッズを展示する記念館は
外国人立ち入り禁止の〝愛国心スポット〟

138 グァンタナモ湾収容所
米軍による人権無視の拷問が行われた
悪名高き対テロリスト用の収容所

142 スネークアイランド
ブラジル軍によって立ち入り禁止になった
生物兵器に転用可能な毒蛇40万匹が棲む島

146 ダルヴァザ・ガスクレーター
歴代独裁者に翻弄された「地獄の門」は
有毒ガスが燃えさかる侵入不可能の巨大な穴

150 スルツェイ島
火山噴火で生まれた「最良の自然教材」
手つかずの島に向けられる政府の欲望

154 ヒトラーの地下壕
ネオナチの聖地にならないためにドイツが
存在を秘匿し続けたナチス総統の自殺現場

第4章 驚愕の事件・事故区域

160 リトル・セント・ジェームズ島
「エプスタイン事件」の舞台となり
大物セレブたちが集った「児童性愛の島」

164 朝鮮労働党39号室
数兆円規模の非合法ビジネスを行う
金王朝存続のための「国営マフィア」の拠点

168 グリュナード島
炭疽菌爆弾の投下実験が繰り返され上陸には命の危険も伴う汚染の島

172 米墨麻薬密輸トンネル
死者4万人を出したメキシコ麻薬戦争の元凶ともされる米墨国境地帯の地下通路

176 ガザ地区の密輸トンネル
パレスチナ人の命を繋ぐ物資トンネルが武器・麻薬の密輸、密入国と無法地帯化

180 キプロス島バローシャ
キプロス内戦による南北分断で生まれた半世紀も時が止まったままの無人リゾート

184 北センチネル島
上陸者の殺害事件がいくども起こる文明拒絶の「非接触部族」が暮らす島

188 福島第一原発立ち入り禁止区域
日本最大の立ち入り禁止区域に危惧される猪と熊の大繁殖と生態系の劇的な変化

192 チェルノブイリ立ち入り禁止区域
人気観光地となった帰還禁止区域の廃墟「プリピャチ」に残るホットスポット

196 セントラリア
火災事故で炭鉱が50年以上燃え続ける居住を禁じられたゴーストタウン

200 ブーベ島
ケープタウンから南へ2500キロも離れた事故レベルの極寒環境の孤島

204 カラチャイ湖
「核のゴミ」と「死の灰」で生まれた地球で最も汚染された〝殺人湖〟

208 エル・カミニート・デル・レイ
落下死亡事故が多発した断崖絶壁の朽ちた小道は〝世界一怖い遊歩道〟

212 ナトロン湖
高濃度炭酸ナトリウムで沈んだ生物を石化させるアフリカにある「死の湖」

日本の侵入禁止タブー区域

216 現代に残る11の禁足地
信仰・因習・伝説・祟り……

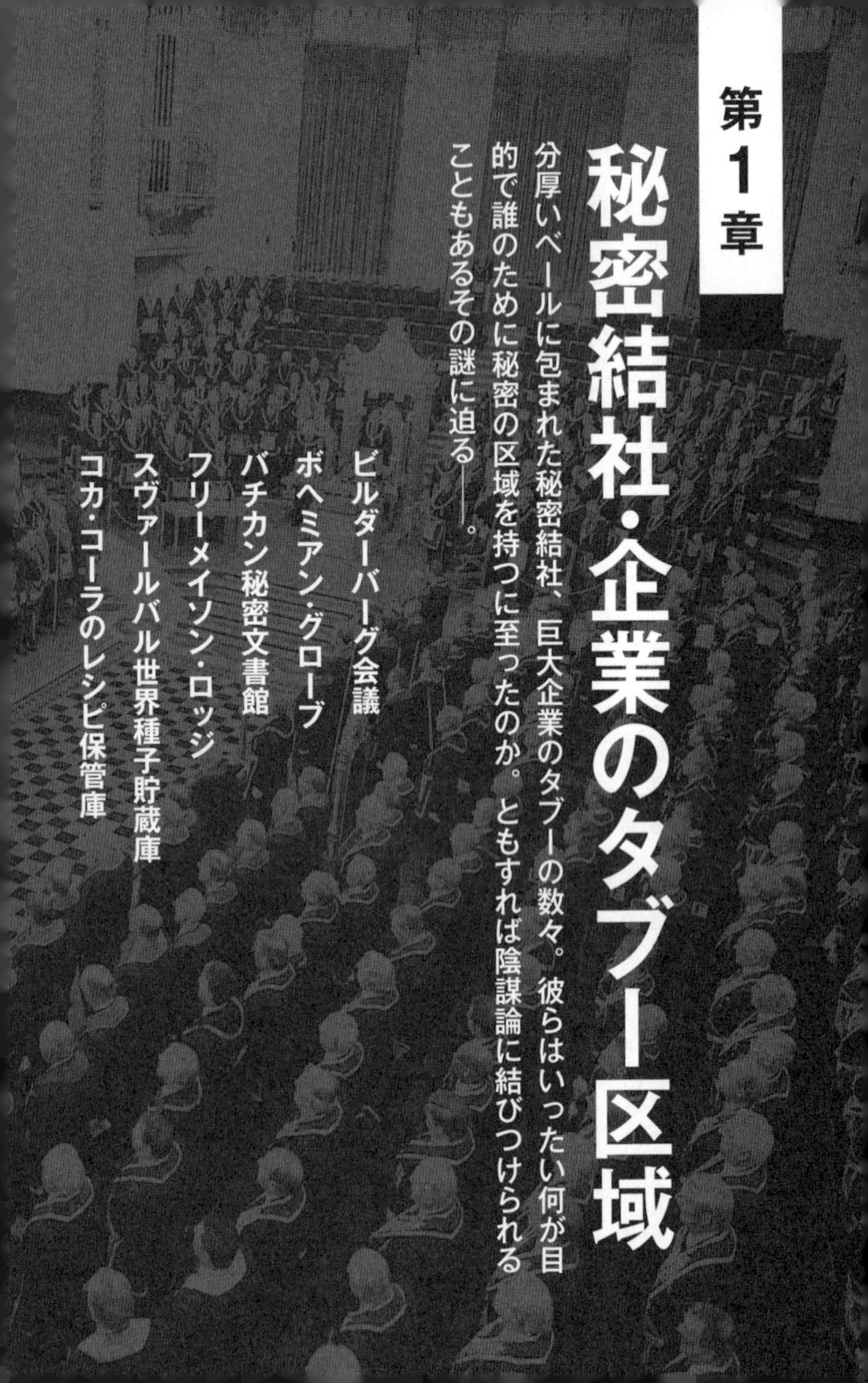

第1章

秘密結社・企業のタブー区域

分厚いベールに包まれた秘密結社、巨大企業のタブーの数々。彼らはいったい何が目的で誰のために秘密の区域を持つに至ったのか。ともすれば陰謀論に結びつけられることもあるその謎に迫る――。

ビルダーバーグ会議
ボヘミアン・グローブ
バチカン秘密文書館
フリーメイソン・ロッジ
スヴァールバル世界種子貯蔵庫
コカ・コーラのレシピ保管庫

グーグル・データセンター
ハワイ・ニイハウ島

ビルダーバーグ会議

ディープ・ステートの「総本山」と目される完全非公開の〝闇の政府〟閣僚会議

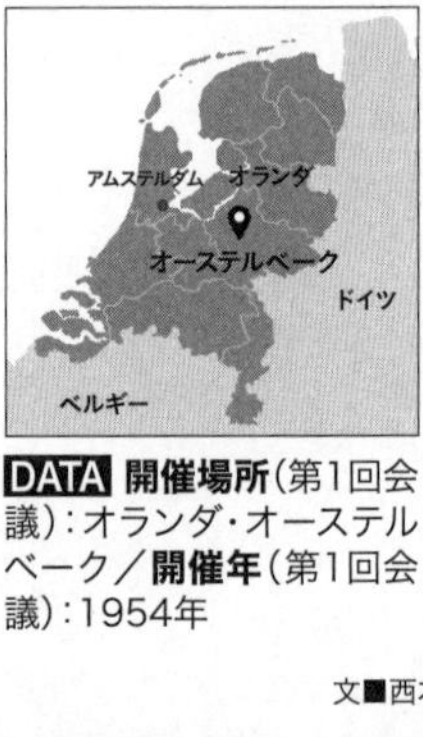

DATA **開催場所**（第1回会議）：オランダ・オーステルベーク／**開催年**（第1回会議）：1954年

機密保持のために会議の開催会場は極秘

ディープ・ステート（闇の政府）は存在する——。２０１７年、米大統領となったドナルド・トランプがそう公言した結果、世界の富を独占するとされる特権集団の存在が明らかになった。

そのディープ・ステートの「閣議」と目されているのがビルダーバーグ会議である。欧米の国王、国家元首、閣僚、大使、軍需や石油メジャー企業の経営者、国際金融財閥、そしてアメリカの議員たちが招かれる完全非公開で開催される会議。参加できるのは欧州諸国から80名、アメリカから30名、国際機関などから10名程度。１９５４年開催の第１回以来、毎年１回３～４日間の日程で開催されるが、機密保持のために会場は極秘。毎回、場所を変え、会場の従業員には箝口令《かんこうれい》を敷き、さらに会場から数キロ圏内を立ち入り禁止にする。何より、この会議が注目を集めるのは、ここに参加した政治家は必ず出世すること

文■西本頑司

第1回ビルダーバーグ会議

第1回会議では、欧州11カ国から50名、アメリカからはロックフェラー当主など11名が参加。EUの設立と共通通貨ユーロの導入が決まった

第1回会議が開催されたオランダのビルダーバーグホテル

ヘルダーラント州レンクムにあるドールウェルト城に近い場所に建つ高級ホテル。オランダ国内で20のホテルチェーンを形成。会議の場所は毎年変わる

初代議長・ベルンハルト王配

オランダのユリアナ女王の配偶者。ドイツ侯爵家出身で学生時代にはナチスに参加。欧州王族とアメリカに強いコネを持っていた経歴で初代議長に就任した

にある。

実際、ビル・クリントンやトニー・ブレアも若手時代に招待を受けている。2009年にはウラジーミル・プーチン、2011年に中国人で初参加となった傅瑩《ふえい》は、その2年後、中国全人代初の女性報道官に抜擢され（2018年まで）、その後、外交部ナンバー2へとステップアップした。もし習近平が失脚すれば全人代の代表の座に就くとみられている。

ディープ・ステートの閣僚「チャタムハウス」

ビルダーバーグ会議がディープ・ステートの重要閣議とすれば、政権を担う閣僚となるのがイギリスの王立国際問題研究所（RIIA）、通称「チャタムハウス」だ。この組織の前身は19世紀末、大英帝国を築いた東インド会社の管理組織。チャタムハウスの名前は、平民から伯爵まで登りつめ、北米、インド、アジアに巨大植民地圏を築き上げた「大ピット」ウィリアム・ピットの別邸名に由来する。イギリス王室、ロスチャイルド一族を中核メンバーとし、現代の東インド会社＝アメリカを裏で支配するのが「チャタムハウス」となる。

その意味で、ビルダーバーグ会議のアメリカ側参加者はディープ・ステートの実務を担ういわば「霞が関の高級官僚」であり、各分野の事務次官や局長の役目を担う。アメリカ側のトップはロックフェラー一族であり、ディープ・ステートの官僚組織として外交問題評議会（CFR）を組織する。そこに3000人の有能な人材を集め、ここから大統領を含めて500人以上をホワイトハウスの要職に送り込んでおり、米政権を実質支配してきた。

そしてディープ・ステートの「国会」に位置するのがダボス会議。こちらは欧米以外の政治家や有力者も集められるが、扱いは地方選出の「議員」であり、ビルダーバーグ会議で決まった闇議決定を一方的に伝えられる。これがおおざっぱながらディープ・ステートの構図となる。

会議の運営本部の所在は現在も不明のまま

ドナルド・トランプはビルダーバーグ会議に呼ばれずに大統領に就任した。その代わりに「ペイパル・マフィア」のボスであり、GAFAを含めたIT業界の影の支配者ピーター・ティールがビルダーバーグ会議に出席。2016年の大統領選ではこのティールがトランプを全面支持したことが勝利に繋がった。ピーター・ティールが「影の米大統領」と呼ばれるゆえんだ。

ちなみに第1回会議が開催されたのがオランダのビルダーバーグホテルだったことで、以後、ビルダーバーグ会議と称されるようになった。ビルダーバーグホテル自体は、四つ星でオフシーズンなら1万円程度で宿泊できる。ここに泊まり、ディープ・ステート気分を味わうのもいいだろう。なお、会議の運営本部はオランダのライデンに実在するとされるが、現在も判然としていない。

ボヘミアン・グローブ

歴代米大統領も会員だった社交クラブの「秘密の儀式」が行われる謎めいた森

各界著名人のエリートが集《つど》う会員制クラブ

サンフランシスコの郊外に広がる森「ボヘミアン・グローブ」。この森は過去にはアメリカの核武装計画「マンハッタン計画」が話し合われ、第二次世界大戦後、国際連合が正式に発足する前の最初のミーティングが行われた歴史ある場所。共和党の大統領候補はこの場所で「洗礼」を受け、選挙に臨むとされている。

この森を所有するのは会員制クラブ「ボヘミアン・クラブ」だ。その会員たちによって、米国における最重要事項、そして世界の流れがこの森で決められてきた、との噂が絶えない。

ボヘミアン・クラブは1872年、ゴールドラッシュ末期のアメリカで自由な生活を追求するボヘミアン運動を志す芸術家たちの集団として誕生した。しかしその後、資金不足

DATA **所在地：**米国・カリフォルニア州／**規模：**1100ha

文■霧島カヴ（清談社）

ボヘミアン・グローブの儀式「懸念事の火葬」

ボヘミアン・グローブの集会では、高さ12メートルのフクロウ神・モロック像を祀り、赤ん坊を生贄として捧げて願いを叶えるとされる

キャンプに参加したニクソンとレーガン

1967年のキャンプに参加した大統領になる前のリチャード・ニクソン(右)とロナルド・レーガン(右から4番目)。中央に立つのはニクソンの選挙参謀を務めたハーベイ・ハンコック

ボヘミアン・グローブのサマーキャンプ

グローブ近郊の町モンテ・リオは、ボヘミアン・クラブの会員が開く講演会の時期には人でいっぱいになる

から政財界の要人に乗っ取られ、いつしかアメリカの保守主義者たちの憩いの場に変化する。いわゆる政界、財界、軍関係者のエリート階級がステータスのひとつとして入会する「超高級紳士クラブ」へと変貌を遂げたのだ。

その会員には、アイゼンハワー、ニクソン、フォード、レーガン、ブッシュ父子といった歴代大統領のほか、ロックフェラー一族、新聞王のウイリアム・ランドルフ・ハースト、さらに俳優で映画監督のクリント・イーストウッドなど、各界著名人がずらりと並ぶ。この著名なエリートたちの存在と、クラブの秘密主義によって、ボヘミアン・クラブは「ニュー・ワールド・オーダー（新世界秩序）」を目論《もくろ》む秘密結社だと批判にさらされてきたのも事実だ。

もちろんボヘミアン・クラブは誰もが入会できるわけではない。まず男性限定で、入会費2万5000ドル、年会費5000ドルを払える財力、また最低2人の会員推薦が必要であり、さらに厳しい審査を通った者のみが入会を認められる。

世界に流出してしまった「秘密の儀式」の映像

そんなボヘミアン・クラブの一員と認められた人々が毎年7月、2週間にわたり、約3000人収容できる宿泊施設を持つボヘミアン・グローブに集まりキャンプを行う。真夏の森でいったい何が行われているのか。

実はこのキャンプには陰謀論的な噂が絶えずあり、極端な例では、男同士の乱交パーティー、赤ん坊を生贄にする黒魔術の儀式、果ては人肉食を行っているなど、様々な憶測が流れているのだ。なかには彼らを「世界を支配しようと企む悪魔崇拝者たち」とする告発者まで現れた。

それは会員への狭き門をくぐったエリートたちに向けられる畏怖《いふ》なのか。しかし、陰謀の証拠とされる写真は、どれも何を写しているのかわからず信憑性に欠けるものばかりで、真相を判断できるものではなかった。

ところが２０００年、ボヘミアン・グローブのキャンプに秘密裏に侵入した映像監督アレックス・ジョーンズにより、「懸念事の火葬」と呼ばれる儀式が撮影され、その映像が公開された。それは、フクロウをかたどった巨大な彫刻の前で会員たちが奇声をあげ、そのなかで人形を焼くというものだった。

この映像は初めてボヘミアン・グローブのキャンプの実態に迫ったものとして、広く世界中に拡散された。「なぜ人形を焼く必要があるのか?」「生きた人間を焼いていたこともあったのでは?」などの声があがり、ボヘミアン・クラブが危険な秘密結社だと思わせるのに十分だった。

その後、撮影に成功したジョーンズは、ＳＮＳのアカウントをすべて凍結され、活動を阻害されている。そして一端が垣間見えたボヘミアン・クラブの実態は、いまもって謎のままだ。

バチカン秘密文書館

キリスト教最大のタブーを隠蔽するため歴代教皇が受け継いできた「私設図書館」

聖書の「嘘」を管理するのが秘密文書館の本当の役割

旧約聖書・新約聖書の写本などの貴重な資料の数々を公開し、現存する世界最古の図書館であるバチカン図書館（1448年設立）とは別に、バチカンには侵入禁止の「秘密図書館」が存在する。それが書架の長さの合計が85キロにも及ぶ膨大な資料を持つ「バチカン秘密文書館」である。

ナチスと関与したピウス12世教皇の存在もあり、ナチスとバチカンの関係が記された可能性のある1939年以降の資料は完全非公開となっている。

この秘密文書館は歴代教皇が受け継いできた

カトリックの総本山・バチカン

人口はわずか800人足らずだが、180カ国と国交を結ぶ「国家」。面積は東京ディズニーランドよりも小さい。国籍は聖職に就いている間だけ与えられる

DATA **所在地：**バチカン市国／**設立：**1612年

文■西本頑司

キリスト教のタブーが眠る秘密文書館

教会が何世紀にもわたって蓄積してきた公文書、書簡、教皇会計書などを収蔵する。そのなかには聖書に関する最大のタブーに触れた証言が記された書簡もあるという

バチカン秘密文書館の閲覧室

館内には撮影機材どころかボールペンの持ち込みも禁止。研究機関の推薦状を持つ学者のみが入室できる

「私設図書館」であり、重要機密にアクセスできるのは教皇のみとなる。その重要機密が、表向き「焼失」したとされてきた8世紀から13世紀までの歴代教皇が残した書簡だ。これを厳重に管理するのがバチカン秘密文書館の「本当の役割」なのである。

キリスト教は「聖書」をバイブルとして、その物語を全肯定する宗教といっていい。ところが歴代教皇が残した書簡のなかには、その聖書の内容が「嘘であった」というキリスト教の根幹に関わるタブーを「証言」しているものもあり、焼失したことにして隠蔽《いんぺい》したというのだ。

発掘調査で判明してきた不都合な旧約聖書の真実

事実として、旧約聖書の内容がデタラメであることは考古学でも最大のタブーとなっている。19世紀以降、旧約聖書の歴史的証明を目的にパレスチナ近辺で積極的な発掘調査が行われてきたが、その結果、判明したのは「ユダヤ人もソロモン王の統一したイスラエル王国もパレスチナには実在しなかった」ことだという。破壊されたソロモン神殿の跡地に再建したとされるユダヤ教最大の聖地「嘆きの壁」の下には、何の痕跡もないというのが考古学の常識的な見解となった。

歴史的に確認されている事実は、紀元前5世紀頃、パレスチナ以外の場所にイスラエル王国とユダ王国があり、バビロニアによって滅亡したこと、紀元前120年代、パレスチナで「ユダヤ人」を自称するユダヤ教の現地勢力が台頭したこと程度なのだ。

バチカンがひた隠しにする「焼失した秘密文書」には、8世紀以降、キリスト教拡大のために聖書の「正当性」を高めるべく教会が総力をあげて歴史的な検証をした際、まったく証拠が出てこなかったことが記されているのか。何より紀元前の歴史を知る第一級史料であるヘロドトスの『歴史』（紀元前5世紀）にもパレスチナ地方にダビデ、ソロモンの統一イスラエルをつくったユダヤ人の記述はいっさいない。聖書は「神の啓示」によって書かれた「神の言葉」。それを信じることを前提にした一神教なだけに旧約聖書の「デタラメ」ぶりをどう扱うべきか、歴代教皇たちの悩みは深かったことだろう。

現在では聖書の舞台となったのはパレスチナではなくサウジアラビアの「アシール」ではないかと判明してきている。このアシール地方はイギリスの支配エリアになるや、サウジとイエメンの間で1920年代から半世紀以上にわたって紛争地帯となっており、発掘調査などまったくできない状態が長らく続いた。これは「偶然」なのか、はたまたバチカンが絡んだ「隠蔽」なのか。

どちらにせよ、聖書の正当性を揺るがす事実が今後発掘されるのかどうか、世界中が注目している。

フリーメイソン・ロッジ

秘密結社の代名詞「フリーメイソン」で秘匿される〝殺人を模した儀式〟の存在

フリーメイソンの集会場を統括するグランドロッジ

秘密結社の代名詞ともいえるフリーメイソンは16世紀後半から17世紀初め頃に発足した友愛結社で、元は石工《いしく》組合だったものが知識人や貴族らのサロンに変貌したものといわれる。

その集会所はロッジと呼ばれ、ロッジ間を統括するグランドロッジのうち最初のものが、ロンドンで１７１７年に設立された英国グランドロッジだ。現在、その最高指導者＝グランドマスターは女王エリザベス2世の従姉弟に当たるケント公エドワード王子が務めている。

全世界の会員数は６００万人ともいわれ、ボーイスカウトのほか慈善団体のロータリークラブやライオンズクラブはフリーメイソンから派生した。フリーメイソン自体も慈善活動を行っている。

DATA **所在地：**イギリス・ロンドン（フリーメイソンズ・ホール）／**開業：**1717年

文■神谷充彦

英国グランドロッジの「フリーメイソン・ホール」
かつての秘密主義は薄れ、グランドマスター就任式の公開、併設する博物館での蔵書閲覧などオープンな運営方針となっている。この写真では石工組合に由来するエプロン姿の会員を確認できる

東京にある日本グランドロッジ
ロッジ所在地は東京タワー至近の「メソニック39MTビル」。コロナ禍以前は会員の子供たちを招き「メソニックこどもまつり」も開催されていた

また近年、英国グランドロッジ「フリーメイソン・ホール」では観光客向けのツアーとして、儀式を行う「グランド・テンプル」を公開している。併設の博物館では儀式に使う品々を見られるほか、お土産ショップまである。一方、ニューヨークのグランドロッジビルには15ものロッジが入居しており、儀式で使用していないロッジをパーティ用などとして有料で貸し出ししている。

死をイメージさせる猟奇的なメイソンの儀式

入会自体も難しくはない。東京タワーのそばにある日本グランドロッジでは、月に1度無料説明会を行っており、4万～6万円の入会金、6000円ほどの年会費で会員になれる。ただし、2人の会員から推薦を受けなければならず、知人に会員がいない場合はロッジを訪問して会員と交流し推薦人を見つけなければならない。

こうした話を知ると秘密結社どころか非常にオープンな団体にも思えてくるが、その入会の儀式（徒弟階級参入の儀式）は実に猟奇めいている。入会志願者は神かそれに類するものへの信仰を持つ成年男性で身体に障がいを持たないことが条件となり、儀式ではシャツの半分をはだけて胸を露出し、ズボンからは左ひざを出し、首には首吊り縄をかけられ、さらに目隠しをされて剣を胸に当てられた状態で儀式室へ入る。

また、マスター階級参入の儀式では、昇級志願者を古代エルサレムにあったとされるソロモン神殿の建築に携わったヒラム・アビフに見立て、いったん殺害されたあとに復活するという寸劇を演じさせる。寸劇とはいえやはり猟奇的な儀式であり、フィリピンやアメリカのロッジではなんらかの手違いで実際に殺してしまった事故も起きたと噂されている。

オープンになってきたとはいえ、やはり怪しさを拭えない団体であることには違いないようだ。

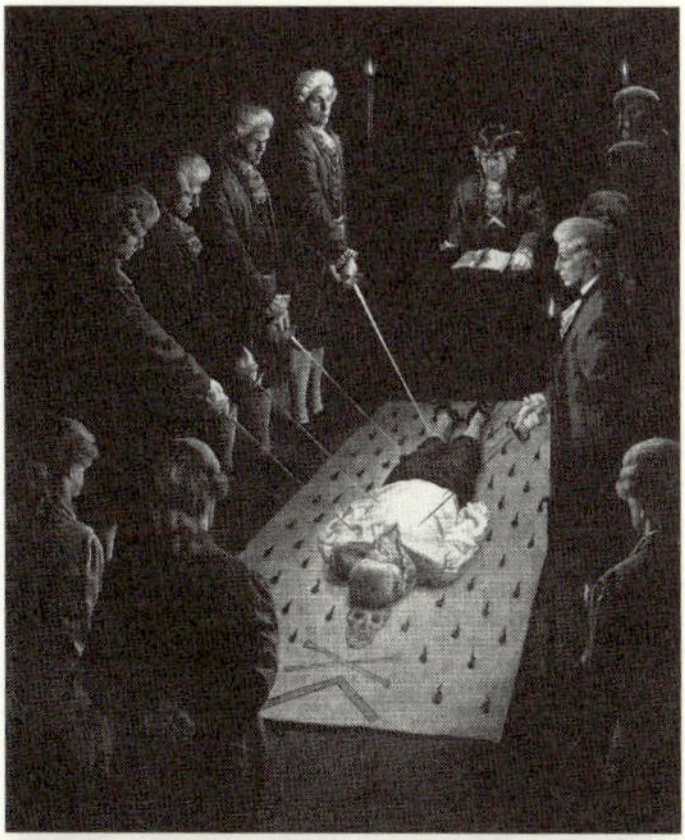

フリーメイソンの儀式

入会の儀式（上）も昇級の儀式（下）もともに「死と再生」がテーマとなっており、儀式の場は死の象徴にあふれているため本来は他言無用となっている

スヴァールバル世界種子貯蔵庫

ビル・ゲイツの主導によって建設された人類の危機に備えた現代の「ノアの箱舟」

保管する種子の合計数は100万個を突破

北極圏に浮かぶノルウェー領スヴァールバル諸島のスピッツベルゲン島には、現代の「ノアの箱舟」とも呼ばれる施設がある。それは世界中の農作物種子の保存を目的に2008年に建造された「スヴァールバル世界種子貯蔵庫」だ。

大規模な気候変動やパンデミック、核戦争といった「世界最後の日」クラスの大厄災が起きても農作物を絶やさず、農業を復活させて人類が生存していけるよう、世界中から植物の種子を受け入れている。また、遺伝子組み換えなどで品種改良が進んでしまった種子の原種を保存することで、地球上の農作物の多様性を維持しておく目的もある。

マイクロソフト社創業者で世界的大富豪としても知られるビル・ゲイツの主導によって建設され、貯蔵庫に種子を預けている国や機関はその所有権を持ち、必要なときに回収す

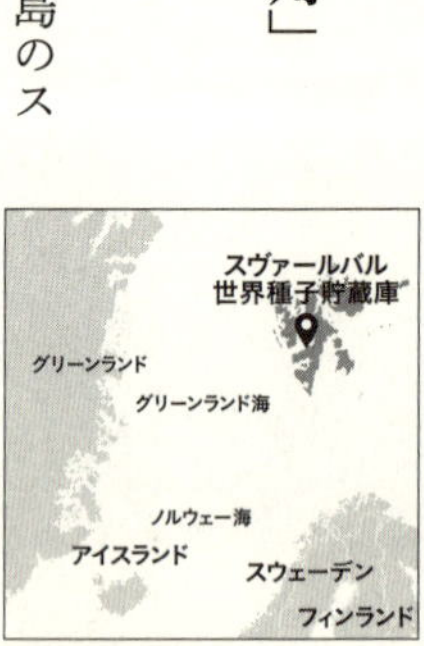

DATA **所在地：**ノルウェー領スヴァールバル諸島／**設立：**2008年

文■佐藤勇馬

コンパクトな貯蔵庫の入り口

現代版「ノアの箱舟」の入り口は、屋根と正面上部にノルウェー人アーティストによる美しい芸術作品が設置されている

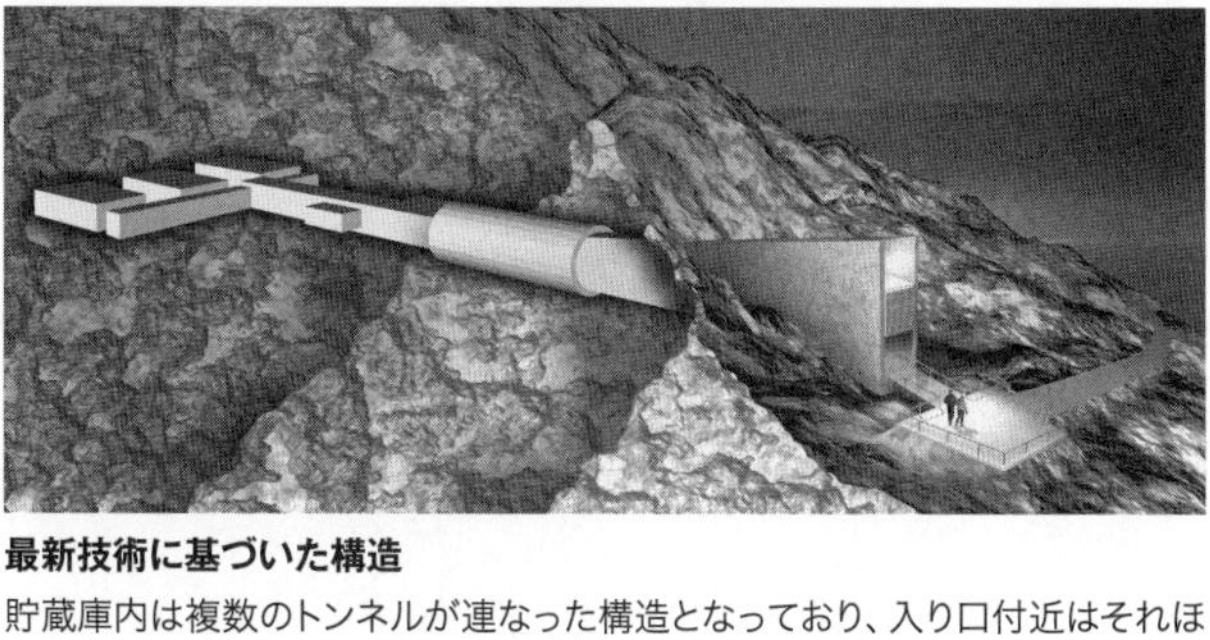

最新技術に基づいた構造

貯蔵庫内は複数のトンネルが連なった構造となっており、入り口付近はそれほど厳しい寒さではないが、奥に進めば進むほど冷気が強まる

ることができる。2020年2月時点で保管する種子の合計数が100万個を突破したと報告されたが、同貯蔵庫は地球上に存在すると考えられている作物品種の約2倍に相当する最大450万種を貯蔵することができるという。

室温マイナス18~20度の巨大な冷凍室を設置

人類にとっての「究極のセーフティーネット」ともいえる重要施設だが、山肌からのぞく入り口は、SF映画のセットのような外観で若干こぢんまりとした印象になっている。だが、入り口を抜けると永久凍土の下に巨大な冷凍室が設置されており、室温はマイナス18~20度に保たれている。もし冷却装置が故障しても永久凍土層によってマイナス4度を維持できる仕組みだ。

世界的な価値のある大規模施設であるものの、新しい種子が保管されるときや視察などの来訪を除けば、基本的に貯蔵庫は無人。セキュリティシステムが張りめぐらされており、市街地のオフィスで24時間体制のモニタリング監視が実施されている。温度や湿度が不自然に上昇しただけでも、スタッフが駆けつけるという厳重さだ。

そもそもが「世界の果て」のような場所にあるうえに、永久凍土の下に貯蔵庫が設置されているのだから「行ってみよう」と思う人はあまりいないだろうが、仮にそう思ったとしても勝手に立ち入ることはできない。

世界が滅びるような大惨事に備え、今日も永久凍土の下で「スヴァールバル世界種子貯蔵庫」は静かに人類最後の希望となる種子を守っている。

人類存続の運命を握る巨大冷凍室

貯蔵庫はどんな災害にも耐えうるとされているが、地球温暖化の影響で永久凍土が溶けて水が入り込むというアクシデントが発生している

コカ・コーラのレシピ保管庫

レシピ保管庫は博物館で一般公開するも
レシピ自体は厳重なセキュリティで非公開

DATA **所在地**：米国・ジョージア州／**展示開始**：2011年

社内でレシピを知っているのは2人だけ!?

1886年にアメリカで薬剤師のジョン・ペンバートンが発明して以来、全世界でいまも愛されているコカ・コーラ。

独特の風味のカギを握る謎のミックス香料「7X」をはじめ、その詳しい成分や配合割合は同社のトップシークレットとなっており、一説には「社内でレシピを知っているのは2人だけ。社長と副社長は知らず、どの階級のどんな人物が知っているのかも謎」とされている。

過去には、コカ・コーラのレシピを基にしたとされるコピー品がつくられたこともあったが、その味と香りを完全に再現できたケースは皆無だった。

また、レシピの中身を撮った写真が流出したと報じられ、実際にレシピ内容がメディア

文■佐藤勇馬

驚くほど分厚い保管庫の扉

まるでハリウッド映画のセットのような分厚い扉のエリアは、実際に現地で見学することができる。厳重な保管体制を象徴する光景ともいえるだろう

ワールド・オブ・コカ・コーラ博物館

アトランタのダウンタウンに位置し、貴重なグッズや秘密のレシピをたどる4-Dシアターなどが楽しめる

によって伝えられたことがあったが、同社は「本物のレシピと異なる」として完全否定している。これだけ全世界に大量に流通し、誰もが飲んだことがあるほどポピュラーなのに、ほとんどの人間がつくり方を知らないのだ。

暗証番号、指紋認証瓶の形になっているカギ穴

現代に残った数少ないミステリーのひとつともいえるコカ・コーラの秘伝のレシピ。現物は1919年に融資を受けるための担保として作成され、長らくアトランタの銀行の金庫に保管されていた。だが、2011年にコカ・コーラ誕生から125周年を記念し、アトランタのワールド・オブ・コカ・コーラ博物館に新設展示される保管庫へ移されることになった。

銀行の金庫に眠っていた頃とは違い、レシピ保管庫は一般公開され、博物館の最大の呼び物になっている。数々の都市伝説まで生み出してきた伝説のレシピを保管するにしては不用心な気もするが、もちろん保管庫の中身は非公開。そのセキュリティも半端《はんぱ》ではない。アニメの『ルパン三世』でしか見たことがないような、分厚い超厳重な保管庫の扉によってレシピは大事に守られているのだ。

保管庫が一般公開されているといっても内部の守りは鉄壁。重厚な扉に加え、暗証番号、指紋認証、コカ・コーラの瓶の形になっているカギ穴などがあり、一般人はもちろん、どんな大泥棒が来ようとも寄せつけない頑強さとなっている。

近くまで行くことはできても、一般人は決して誰も入ることはできない。まだまだ今後もレシピが一般公開されることはなさそうだ。

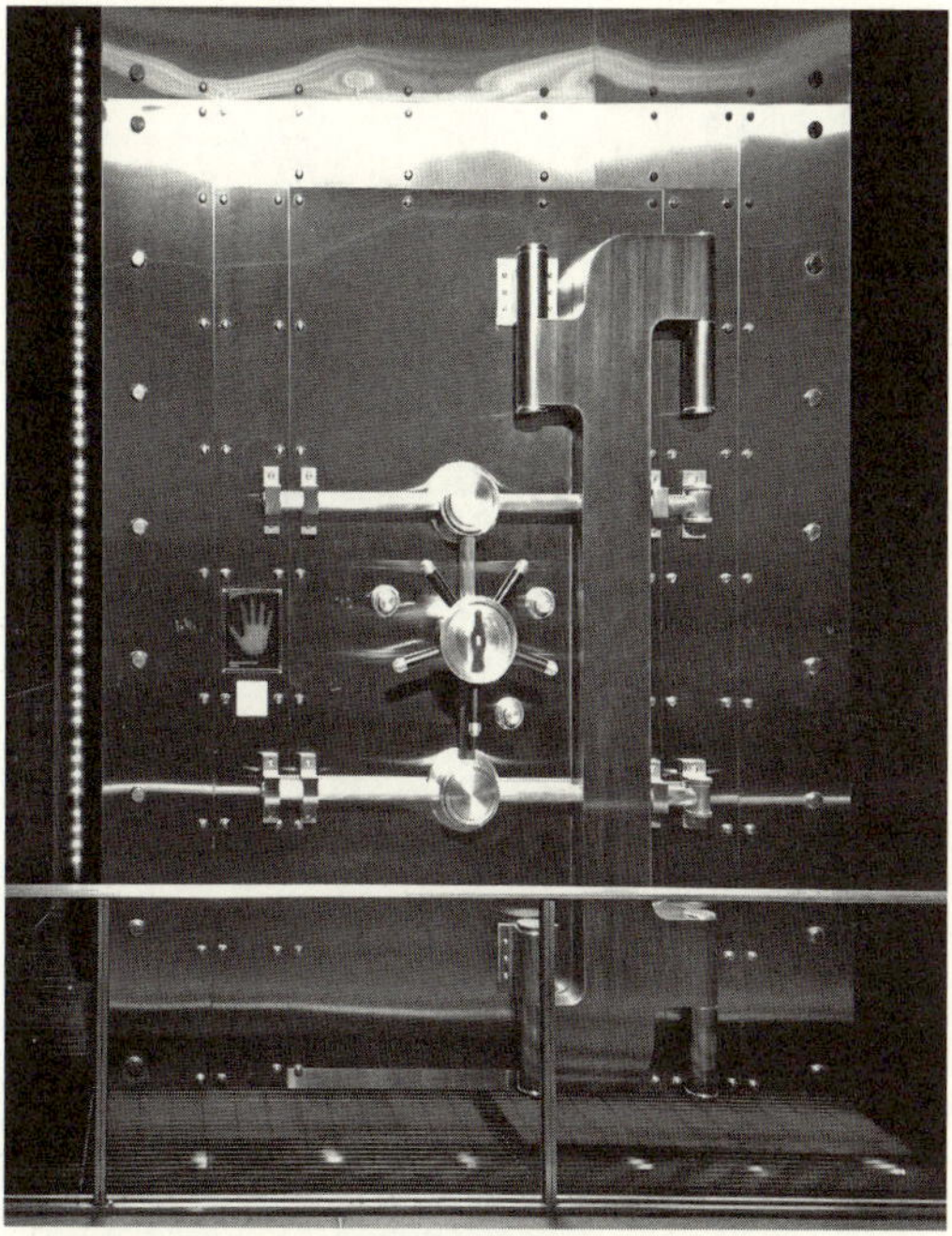

何重ものセキュリティシステムで守られる

秘伝のレシピを守る扉は強力なセキュリティが施され、あらゆる部外者の侵入を拒んでいる。現在、これを突破できる者はいないとされる

グーグル・データセンター

７万５０００台のサーバーが収容可能な
巨大施設に危惧《きぐ》される情報統制

情報ガリバーに求められる検索エンジンとしての中立性

「ググる」という言葉が示すように、我々の生活に浸透し切っている「グーグル」。もともとはスタンフォード大学に在籍していたラリー・ペイジとセルゲイ・ブリンの研究プロジェクトからそれは始まった。グーグルの心臓部ともいえるデータセンターは世界中にあり、２０１９年5月には千葉県印西《いんざい》市に日本初となるセンター建設が発表された。

グーグルはアメリカのデータセンター内の整然とした映像や施設内で働く人たちの声を公開しており、まさに世界のインフラとしての現場が垣間見られるものとなっている。なかでも有名なのは7万５０００台のサーバーが収容可能なアメリカ、オレゴン州ザ・ダレスの巨大データセンターだ。この内部はＹｏｕＴｕｂｅで３６０度見られる動画が公開されており、グーグル社員でもかぎられた人間しか入れない施設内をかいま見ることができ

DATA **所在地：**米国・オレゴン州／**建造：**2006年

文■沼澤典史（清談社）

ザ・ダレスのデータセンター内部

虹彩認識システムでチェックを受けた者しか入れないセンター内部はサーバーラックで埋め尽くされている。建物全体での帯域幅は1PB(ペタバイト)/秒にも達するという

巨大な2つのメインサーバー棟

コロンビア川岸にあるメインサーバー棟は近くの水力発電所から電力の供給を受ける。膨大な機材を冷却するためにフル稼働の建物からは水蒸気が立ち込め、夜は不気味な光景になるという

る。

内部はまさにＳＦに出てくるような近未来の雰囲気。実際に私たちがグーグル・クラウドにデータをアップロードしたときなど、データはこのような場所に置かれたＨＤＤやＳＳＤの中に保存されるという。

しかし、このように膨大なデータを保存することができる彼らへの批判も少なくない。欧州連合や韓国政府、日本政府は過去に情報の慎重な取り扱いを要請しており、スペイン人男性が自らの記事の削除を求めたいわゆる「忘れられる権利」を訴えたこともあった。なかでも、危惧されているのが検索エンジンとしての中立性だ。

グーグルに載らない情報はこの世に存在しない

グーグルで検索し、情報を得ることが多い現代において、そのユーザーの大多数は無意識のうちに情報統制されていることに気づかない。２０１９年８月にはグーグルの元エンジニア、ザック・ヴォリーが同社によるコンテンツの検閲を告発。約１０００件の内部文書を持ち出し大きな問題となった。また、グーグル独自のアルゴリズムによって完全にブロックされている情報もあるといわれる。検索システムをほぼ独占するグーグルに載らない情報は、この世に存在しないといっても過言ではない。また、キーワード入力補助という機能もユーザーを特定の情報にミスリードしていることにほかならない。

このような指摘があるなかで、２０１９年3月4日付の英紙『Ｄａｉｌｙ Ｓｔａｒ』

で、ＡＩの専門家であるニコラス・カイリノスは衝撃的な発言をしている。

「20年以内に人間は脳内にインプラントを埋め込まれ、学習の必要がなくなる。グーグルがあなたの頭の中に入り込むだろう。それは決して突飛なことではない」

人類は言語に縛られることもなく、学習と暗記とは無縁になるというのだ。グーグル・ホームやアレクサのようなＡＩアシスタントが脳内にいるようなイメージだというが、ここで思い出してほしいのは前述のグーグルによる情報統制である。

脳内にグーグルのチップが埋め込まれれば、知識や情報はグーグルが認めたものしか得られなくなる。つまり、グーグルによる情報の統制が始まるのだ。

そう考えるとオレゴン州にあるようなデータセンターに設置された膨大な記憶媒体は怖ろしい洗脳装置にも見えてくる。グーグルの行動規範である「Ｄｏ ｔｈｅ Ｒｉｇｈｔ Ｔｈｉｎｇ（正しいことをやれ）」。理念からの逸脱がないことを願うばかりだ。

ハワイ・ニイハウ島

文明との交流を頑なに拒否する一族が所有・管理する上陸禁止の「秘密」の島

「ハワイアンの文化を維持する」という約束を頑なに守る一族

ハワイのカウアイ島から約27キロ。そこにはある一族が所有・管理する禁断の島がある。それが東京都八王子市とほぼ同じ面積の「ニイハウ島」だ。

ハワイの部族出身者以外は、ほとんど上陸することができないこの島では、住民たちは釣りや狩猟で自給自足の生活を営み、ほとんどの人が島の所有一族が経営する牧場で働く。レストランや商店もなく、銃、アルコール類は禁止。移動手段は徒歩か自転車のみ。昔ながらの部族の暮らしが守られている。

ニイハウ島の全景

歴史上で最初に上陸した人物は1778年の英国人探検家のジェームズ・クック船長。ヤギ、豚、植物の種子などを島民に贈り、代わりに水や食料を調達した

DATA **所在地：**米国・ハワイ州／**面積：**175㎢／**人口：**約170人

文■三井一生

ひとつだけ存在するニイハウ島の村
降水量が少なく、産業はサトウキビ、パイナップル、放牧による畜産、養蜂だけ。クック船長が上陸した当時は推定1万人の住民がいたとされる

1880年代に撮影された島民
人口は1841年に約1000人、1980年には226人と激減中。なかには上陸規則が厳格化される以前の明治時代初期にハワイへ移民した日系人の子孫もいるとか

1863年、カメハメハ4世がニイハウ島を売りに出し、当時近隣の島に住んでいたスコットランド人のエリザベス・シンクラーが購入。現在はその子孫であるロビンソン一族が島の所有者であり、「ハワイアンの文化を維持する」という約束を頑なに守り、部外者との交流を厳しく制限しながら島を管理している。1896年には、現地語であるハワイ語の使用がアメリカ政府により禁じられたが、島民は現在もハワイ語を話す。

1915年、ニイハウ島出身者が親族を連れて帰島したが、これを部外者の上陸として拒否した。1930年代になると、はしか、ポリオといった本来島に存在しない感染症の侵入を防ぐために、部外者の来訪を完全に拒絶。その後、ロビンソン一族はハワイ州知事からニイハウ島を退去するよう言い渡されたが、一族はこれも拒否。現在も文明化を促すハワイ当局と話し合いを続けているという。

話しかけてはいけない写真を撮ってはいけない

1959年には、無断で上陸した新聞記者を目撃した地元の青年が、記者がアゴヒゲを生やしていたことを不審がり、「潜水艦から出てきたばかりのスパイではないか」という理由で記者の身柄を拘束する事件が起こった。青年は島の管理者であるロビンソン一族に伝書鳩で事態を伝え、隣島から警察も駆けつけた。しかし、記者がハワイ本島のホテルに宿泊していたことが判明したことで事なきを得た。

現在は、ソーラーシステムを取り入れ電気が一部通じるようになり、島の学校ではパソコンを使用。子供たちはハワイ語のほか、英語も話せるバイリンガルになった。

しかし、1999年に住民たちの働き場所だったロビンソン一族の牧場が閉鎖されて以降は、仕事はお土産のレイやジュエリーの製作、学校の仕事のみとなり、島から人が流出している。島のビーチにだけ上陸できるレアなツアーや、沿岸の海だけでできるダイビングツアーは観光として組まれるようになったが、それでも島民に話しかけてはいけない、島民の写真を撮ってはいけないといった文明との交流を禁ずる決まりは、ロビンソン一族の管理のもとで続いているという。

第2章 超常現象ミステリアス区域

にわかには信じられない超常現象や宇宙人の存在。しかし世界にはそんなミステリアスな理由で立ち入り禁止となっている区域が多数存在する。科学の発展した現在でも解明できないミステリー、その真相を解き明かす――。

- ネバーランド・ランチ
- バーンガル砦
- ポヴェリア島
- ノース・ブラザー島
- ダルシー地下施設
- エリア51

エアーズロック
伊勢神宮
シオンの聖マリア教会

ネバーランド・ランチ

「霊の出没」と「性スキャンダル」でいまなお買い手のいないマイケル・ジャクソンの豪邸

死後10数年たっても立ち入り禁止のまま

20世紀最大のエンターテイナー、マイケル・ジャクソンが生前に過ごした豪邸ネバーランド・ランチ（以下ネバーランド）はマイケルの死後、10数年たったいまでも立ち入り禁止のまま——誰のものでもない。

マイケルがカリフォルニア州サンタバーバラに建築した自宅兼遊園地の敷地面積は、約1100ヘクタールと千代田区とほぼ同じ広さを誇る。敷地内には映画館、プール、観覧車にジェットコースタ

マイケルが暮らした母屋

1983年発売のポール・マッカートニーとのデュエット曲「Say Say Say」のミュージックビデオを撮影したシカモア・バレー・ランチを気に入ったマイケルは、約22億円でここを購入した

DATA **所在地：**米国・カリフォルニア州／**面積：**1100ha

文■金崎将敬

プライベート遊園地

現在は動物園の施設や遊園地の乗り物は撤去されている。不動産投資会社は5000万ドル（約54億円）かけて敷地内を再開発したが、仮に売却できても赤字になるといわれている

敷地内にある鉄道駅・キャサリン駅

母の名前がつけられたキャサリン駅。児童虐待の被害者は列車内でマイケルから性的虐待を受けたと証言

ーがあり、蒸気機関車まで走らせていた。マイケルはその夢の楽園に多くの子供たちを招待したが、長期滞在した少年3人がマイケルから性的虐待を受けたと告発。全米が注目するなか、裁判では無罪を勝ち取ったマイケルだったが、ネバーランドは捜査機関に押えられ、マイケルは夢の国から一時的に離れた。その後、巨額の借金により豪邸は差し押さえられ、マイケルは二度とここに足を踏み入れることなく急逝している。

マイケルの死後、一般公開を禁じられたネバーランドは、所有する不動産会社が莫大な費用をかけて施設を維持。2015年に111億円で売りに出されるも買い手はつかず。2017年には75億円まで値下がりしたが、マイケル没落の象徴として忌み嫌われたのか購入者は現れなかった。

怨念を抱えたまま彷徨《さまよ》うマイケルの霊

楽園のネガティブイメージは、マイケルの霊が出没するという噂が追い打ちをかけていた。米人気トーク番組『ラリー・キング・ライブ』で邸宅内の模様が中継されると、廊下をマイケルらしき影が横切ったとして全米が震撼。また、別番組では敷地内で取材を受ける兄ジャーメインの背後にマイケルの顔らしきものが映ったと騒ぎに。姉ラトーヤの場合は、敷地内の邸宅でマイケルの名前を呼びかけると外灯が点滅。この怪奇現象は二度起きたという。夢の国を手放したマイケルの霊が怨念を抱えたまま彷徨っているのか。

そして、売却を不利にする決定的な出来事が起きた。2019年1月、マイケルの性的虐待疑惑に迫るドキュメンタリー番組『Ｌｅａｖｉｎｇ Ｎｅｖｅｒｌａｎｄ』が放映されたのだ。

マイケルによる性的虐待を伝える内容は、同番組の試写会場に精神カウンセラーが待機するほど。その直後にネバーランドの売却額は35億円まで引き下げられたが、２０２０年12月現在、誰も購入に手をあげようとしていない。

自身のスキャンダルがさらされることで、結果的に夢の国を守ることになるとは皮肉な話だが、あれだけ広大な敷地である。性的虐待に関する〝何か〟がどこかに隠されていてもおかしくない（ちなみに捜査の際には3重ロックつきのクローゼットから大量の児童ポルノ写真が発見されたという）。マイケルは自分の城に誰も触れてほしくないし、誰も触れたくない――。ネバーランドの立ち入り禁止は永遠に続くのか。

バーンガル砦

「夜間侵入禁止」で400年放置された廃墟は
インド政府〝公認〟の呪われた最恐スポット

「夜中にそこに入った人で帰ってきた人はいない」

インドには〝最恐〟の心霊スポットがある。首都ニューデリーの南東部、ラジャスタン州にある「バーンガル砦」だ。そこには砦のほか、門や寺院、市場のような跡地があり街であったことがうかがえる。

インド国内だけでなく、世界的な心霊スポットとしても知られ、現地には日の出前と日没以降に立ち入ることを政府が禁止した立て

放置されたままの瓦礫

16～17世紀は1万人以上が住む大都市だったが、現在は瓦礫と廃墟のみ。地元民が最も恐れるのは王女の幽霊で、呪いで殺された1万人の住民も幽霊となってさまよっているという

DATA **所在地：**インド・ラジャスタン州／**建造：**1573年在地：インド・ラジャスタン州／**建造：**1573年

文■三井一生

バーンガル砦の内部

遺跡に入るにはまず門をくぐる。石畳の道を歩いて行くと屋根が抜けた住居など街の痕跡が。その先には公園が広がり、奥には寺院と宮殿がそびえ立つ。宮殿の中には沐浴場や彫刻もある

世界的な心霊スポットに

昼間は地元の人や冒険好きな観光客が入ることは可能。ただし、コウモリの尿の臭いが充満している。猿が遺跡の中に住み着いているため注意が必要だ

看板まである。「夜中にそこに入った人で、帰ってきた人はいない」「建物の中から声が聞こえる」。そんな噂が絶えない場所なのだ。

建造物自体は16～17世紀のもので、400年放置されたまま現在は廃墟になっている。インドの大手メディア「india.com」によると、インドの政府機関によって夜は立ち入らないようにお触れが出された〝公認〟の恐怖スポットなのだ。

黒魔術に長《た》けた導師による呪い

廃墟となった理由は、黒魔術に長けた導師による呪いだとされている。

この街は、ムガール帝国の武将であるマン・シンの弟、マドー・シンによって建造された。当時、地元で権力を誇っていた導師が「砦は私の住居よりも高く建ててはいけない、砦の影が私の家にかかったら、街全体が滅びる」という条件を出した。

この掟は長年にわたって守られてきたが、マドーの孫にあたるアジャブ・シンがそれを破り、砦の高さをかさ増しししていった結果、導師の家に影がかかるようになり、街に厄災が降りかかったのだという。

もうひとつの言い伝えは、身分違いの恋愛にまつわる伝説だ。導師が王女に恋をして、媚薬で自分に思いを向けさせようとしたが、王様に見破られた。惚れ薬は王女ではなく、岩に効いてしまい、その岩に押し潰されて導師は死んだ。その時に、導師が「街は滅びる。もう誰も住むことはできないだろう」と呪いの言葉を投げた結果ともいわれる。

実際の調査では、石造りの建造物が手つかずで残っていることから、自然災害によって人が住めなくなったのでは、という見方が強い。

昼間でも感じる霊的な気配

現在、バーンガルは幽霊話も相まって怖いもの見たさの観光客が訪れるようになり、そのお客相手に商売をする集落が周囲にできている。しかし、地元住民はいまだに「夜、中に入った人は二度と帰ってこない」と頑なに信じているという。実際に観光で訪れた人にも、昼間でも霊的な気配を感じたり、異様な空気を感じたりするという証言がある。「昼はよいよい、夜は怖い」な恐怖スポットとなっている。

ポヴェリア島

ペスト患者の収容所、精神病院での人体実験 自殺者を多数出した世界一幽霊が出る島

「土壌の半分以上が人間の遺灰」という伝説

イタリア・ヴェネツィアの市街地近くの海辺に浮かぶ「ポヴェリア島」。〝世界一幽霊が出る島〟の異名で知られ、海外では幽霊や超常現象系のテレビ番組でたびたび取り上げられる島だ。

ポヴェリア島が世界の歴史上に登場したのは421年のこと。イタリア東北部の都市・パドヴァと、基礎自治体・エステの人々が蛮族の侵略から逃れてポヴェリア島にたどり着いたことが始まりだ。

その後、ヴェネツィア共和国の力を借りて発展したポヴェリア島だったが、要塞を築くために住民は立ち退き無人島に。

負の遺産として現存する建造物

医師のなかには、島のタワーから投身自殺をした者もいる

DATA **所在地：**イタリア・ヴェネト州／**面積：**0.07㎢

文■鶉野珠子（清談社）

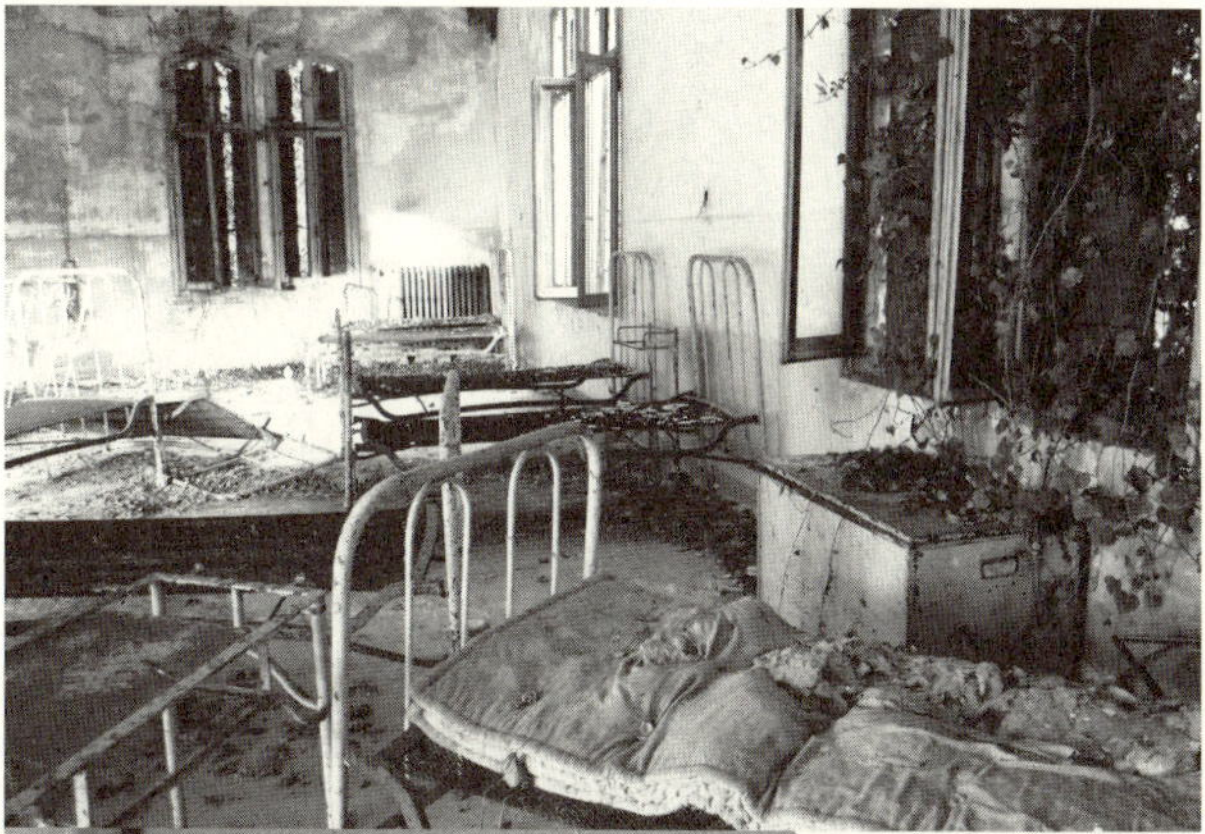

廃墟となった精神病院

１９２２年にペスト患者の隔離施設を転用してつくられた精神病院。しかし不吉な噂が絶えず、１９６８年に病院は閉鎖された。いまでも成仏できなかった患者の霊が病院内をさまよっているという

19世紀に島で撮影されたペストマスクと消毒用具

当時、ペストの治療法は確立されておらず、ポヴェリア島に送られれば死を待つしかなかった

それからしばらくたった1776年、ポヴェリア島はヴェネツィア共和国の公衆衛生局の管轄下に置かれることになる。その目的は、ヴェネツィア共和国を訪れる船や人、荷物をチェックする関所として使うためだった。そして1793年、訪れた船に数名のペスト患者がいたことから、ポヴェリア島はペスト患者の隔離収容施設としても使われるようになる。検疫所という役割のほか、埋葬地としての役割も持ち、ペストで命を落とした多くの人々がこの地に眠っているという。そうした理由から、「土壌の半分以上が人間の遺灰」という伝説まであるほどだ。

精神病院で相次いだ患者、医者の自殺

1922年になるとポヴェリア島に精神病院が建設されるが、この精神病院には陰惨な噂が存在した。一つ目は医師たちが人体実験を行っていたという噂。脳から前頭葉を摘出する「ロボトミー手術」が盛んに行われていたというのだ。ロボトミー手術は精神疾患を持つ患者の興奮状態や幻覚症状を抑える治療法とされたが、副作用として、無気力、意欲の欠如、集中力や感情反応の低下が見られる手術。当時の精神病院内でロボトミー手術が行われることは不思議ではないが、純粋な治療目的以外に、医師が関係者の承認を得ずに独断で行っていたケースもあるという。それゆえ「人体実験」といわれているのだ。

二つ目の噂は、非人道的な医師の行為を目《ま》の当たりにした患者による自殺が相次いだというもの。精神病院であるため患者に自殺に使えるような物が与えられることはなかった。

そのため、自殺の方法は「死ぬまで壁に頭を打ち続ける」「餓死するまで自ら絶食する」など、凄惨なものだったという。

そして三つ目の噂は、こうした島の状況に耐えられなくなり、医師までもが自殺するようになったことだ。なかには「人の悲鳴が聞こえる」「ペスト患者の霊に取り憑《つ》かれた」と語る医師もいたようで、いかに人の精神を狂わせる場所であるかがうかがい知れる。

近年ではイタリア政府が財政難からポヴェリア島の99年貸与の権利をオークションに出品したが、競売価格が安く、売却は叶わなかった。政府側は高級ホテルの建設を目論んでいるようだが、こんな怖ろしい島にホテルを建てたところで人が集まるかは、はなはだ疑問である。

ノース・ブラザー島

ニューヨークで発生した腸チフスなどの感染症患者を隔離した負の歴史を持つ島

本土から500メートルの距離にあった〝隔離の島〟

ノース・ブラザー島は、米ニューヨーク州のイースト川に浮かぶ廃墟と化した無人島である。一時期、島には住人がいたが、彼らは病院に隔離された伝染病患者だった。

1885年、無人の島にリバーサイド病院が移転してきた。天然痘や結核など隔離が必要な患者の収容施設としてだった。川沿いの街ブロンクスから500メートルほどしか離れていないため、摩天楼を眺めることができるほどニューヨークの中心地に近い島なのだ。

ブロンクスに近接する島

本土と島の移動手段はフェリーだった。島からニューヨークの街を眺めることができるほど近い

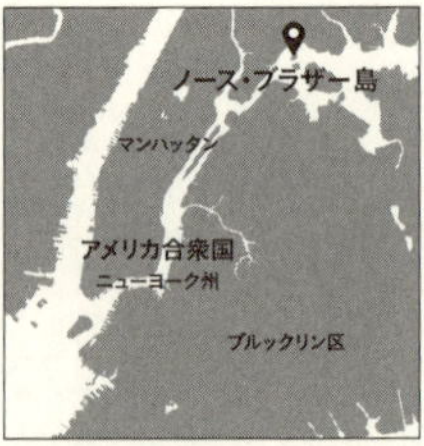

DATA **所在地：**米国・ニューヨーク州／**面積：**約8ha

文■大町毅

リバーサイド病院の隔離病棟

60年近く放置されている病院には、当時使われていたベッドや家具などが、さび、ほこりにまみれた状態で残されている

病院内にあった劇場施設

椅子が並べられ、多くの患者が利用していたとみられる施設。病気の子供が通う学校の役割も果たしていたとされる

廃墟として残る病院

人が姿を消した病院は緑で覆われ、自然の一部と化している。2000年代初頭までは鳥の大繁殖地だったが、2011年からは鳥すら寄りつかなくなったという

1900年代に入ると新たな感染症がニューヨークで発生した。腸チフスだ。チフス菌の感染による疾患は、39度を超える高熱が1週間以上続き、下痢などの症状が出る。さらに重症になると意識障害や難聴が起きることもあるという。

1906年、ニューヨークに住む銀行家の一家から6人の腸チフス患者が集団発生した。専門家による追跡調査で、ニューヨークで料理人として働いていたメアリー・マローンという女性が保菌者として特定され、ノース・ブラザー島の病院に送られた。マローンは腸チフスが集団発生した銀行家の家で賄い婦として働いていたのだ。

調査の結果、マローンは10年間で8つの家に賄い婦として雇われており、うち7家族計22人が腸チフス患者だった。しかし、マローン本人は無症状だったため、ノース・ブラザー島での強制隔離を不当だとして裁判を起こしたが敗訴となった。

その後、マローンはノース・ブラザー島から退去できたが、腸チフスの保菌者だったという噂は広まり、料理人や賄い婦の仕事はできず、さらに頼りにしていた弁護士や心の支えにしていた恋人も腸チフスで亡くなった。生活に困窮したマローンは、最終的にニューヨークから行方をくらましてしまった。

隔離病院の閉鎖後は麻薬中毒者の治療施設に

1915年にはニューヨークの病院で腸チフスの集団感染が発生。その病院で働いていたメアリー・ブラウン婦人が保菌者として逮捕された。このブラウン婦人は名前を変えた

「メアリー・マローン」だった。マローンは再びノース・ブラザー島に送られた。2度目となるノース・ブラザー島でマローンは病院のスタッフとして働いていたが、１９３８年に死亡してしまう。

マローンの死後、リバーサイド病院は閉鎖された。第二次世界大戦後、施設には負傷した退役軍人が収容され、のちには麻薬中毒者の治療施設となり、１９６３年に完全閉鎖が決定。以後、安全上の理由からノース・ブラザー島への上陸は禁止されている。

ノース・ブラザー島にはもう一つの悲劇がある。１９０４年、この島の近くで蒸気遊覧船ジェネラル・スローカム号が火災を起こし、１０２１人が命を落としたのだ。その多くが焼死、溺死とみられている。２００１年の9・11同時多発テロ発生まで、ニューヨークで起こった事故では蒸気遊覧船ジェネラル・スローカム号の火災が最大の死者数だった。

ダルシー地下施設

宇宙人による人体実験が繰り返される!? 米軍容認の地下7階、巨大極秘基地の謎

合衆国憲法が通用しない!? 宇宙人が支配する無法地帯

米コロラド州とニューメキシコ州の境に位置するアーチュレッタ山の近くには、都市伝説愛好家や陰謀論者たちから絶えず注目を浴びている街がある。

その名は「ダルシー」。人口約3000人の小規模タウンであり、1年中温暖な気候に恵まれ長閑《のどか》な雰囲気の静かな街だ。しかし、この街の地下深くには宇宙人による極秘基地が存在し、彼らが一般市民をさらって人体実験を繰り返しているという怖ろしい噂が絶えない土地なのだ。

陰謀論者によると、ダルシー地下施設では米軍と宇宙人の間で「人体実験を容認する」密約が交わされており、合衆国憲法が通用しない無法地帯となっているという。また、施設の規模は巨大で地下7階にも及び、地下1階はセキュリティ&コミュニティスペース、

DATA **所在地：**米国・ニューメキシコ州

文■山田剛志（清談社）

ダルシーの街は標高約2000メートルというかなりの高地にあり、住人のほとんどはネイティブアメリカンだ。地下にあるとされる宇宙人基地を目当てに訪れるオカルト好きが絶えない

2階は人間の居住区、3階は実験研究室、4階はマインドコントロール実験場、5階は宇宙人の居住区、6階は遺伝子実験場、7階は冷凍保存庫と、各フロアが独自の役割を持っているとされている。

2メートルの巨大なグレイ宇宙人に遭遇

ダルシー地下施設をめぐる噂の発端は、1970年代に遡《さかのぼ》る。ニューメキシコ州の警官がバラバラに解体された家畜を発見、近づいてみると腹の中には胎児がうずくまった状態でおり、その容姿は「猿と人間とカエルを足した」ようなグロテスクなものだったという。目撃した警官は「宇宙人による人体実験の結果ではないか？」との証言を残しており、この事件を端緒に、ダルシー周辺では宇宙人の目撃情報が相次ぐことになる。

とりわけ有名なのは、フィリップ・シュナイダーという人物の証言だ。シュナイダーによると、1979年にダルシーで地下採掘プロジェクトが始まり、それに参加したところ、約2メートルの巨大な複数のグレイ宇宙人（灰色の肌に大きな黒目を持つ、世界で最も多く目撃されている宇宙人）に出会ったという。

動揺したシュナイダーは2体の宇宙人を射殺したというが、その際に逆襲に遭い、手の指を数本失ったという。宇宙人との戦闘は苛烈を極め、掘削チームのメンバー57人が死亡し、シュナイダーを含む3人だけが生き残ったという。

本当だとしたら全世界が驚嘆する話だが、シュナイダーの話には怪しいところが多いという。彼の知人の証言によると宇宙人の攻撃で失った指は他の事故が原因だったとされ、シュナイダー亡き現在、真相は藪の中だ。

いずれにせよ、ダルシーの宇宙人地下施設の存在は、50年近くにもわたって物議を醸しており、今後の研究次第では単なる都市伝説が真実に変わることがあるかもしれない。

ダルシー地下施設の職員が流出させたとされる写真

ダルシー地下施設の実質的な支配者はグレイ宇宙人とされる。流出した基地内の写真には彼らが人間とコミュニケーションを取っている様子やUFOの機体の姿も

エリア51

宇宙人提供のUFO9機を用いたUFO研究施設とされる米空軍基地

「UFO」の正体はステルス戦闘機？

エリア51は米ネバダ州にある米軍の広大な試験訓練場の一地区で、1955年に開設されたグルームレイク空軍基地が主要施設となっている。基地の周辺は立ち入り禁止で撮影もNG。うかつに近づくだけでも逮捕、発砲される可能性があるという。なお近隣住民の多くがUFOを目撃しており、基地に宇宙人がいると考えている者も少なくないといわれる。

しかし、事実としては超音速偵察機SR－71「ブラックバード」や、世界初のステルス

ステルス戦闘機の研究を行うエリア51の内部

エリア51では新型戦闘機やソ連製戦闘機の試験飛行が秘密裏に行われていたというが、「新型戦闘機」という名目で宇宙人から供与されたUFOを飛ばすようなこともあったのだろうか

DATA **所在地：**米国・ネバダ州／**建設：**1955年
規模：155㎢s

文■神谷充彦

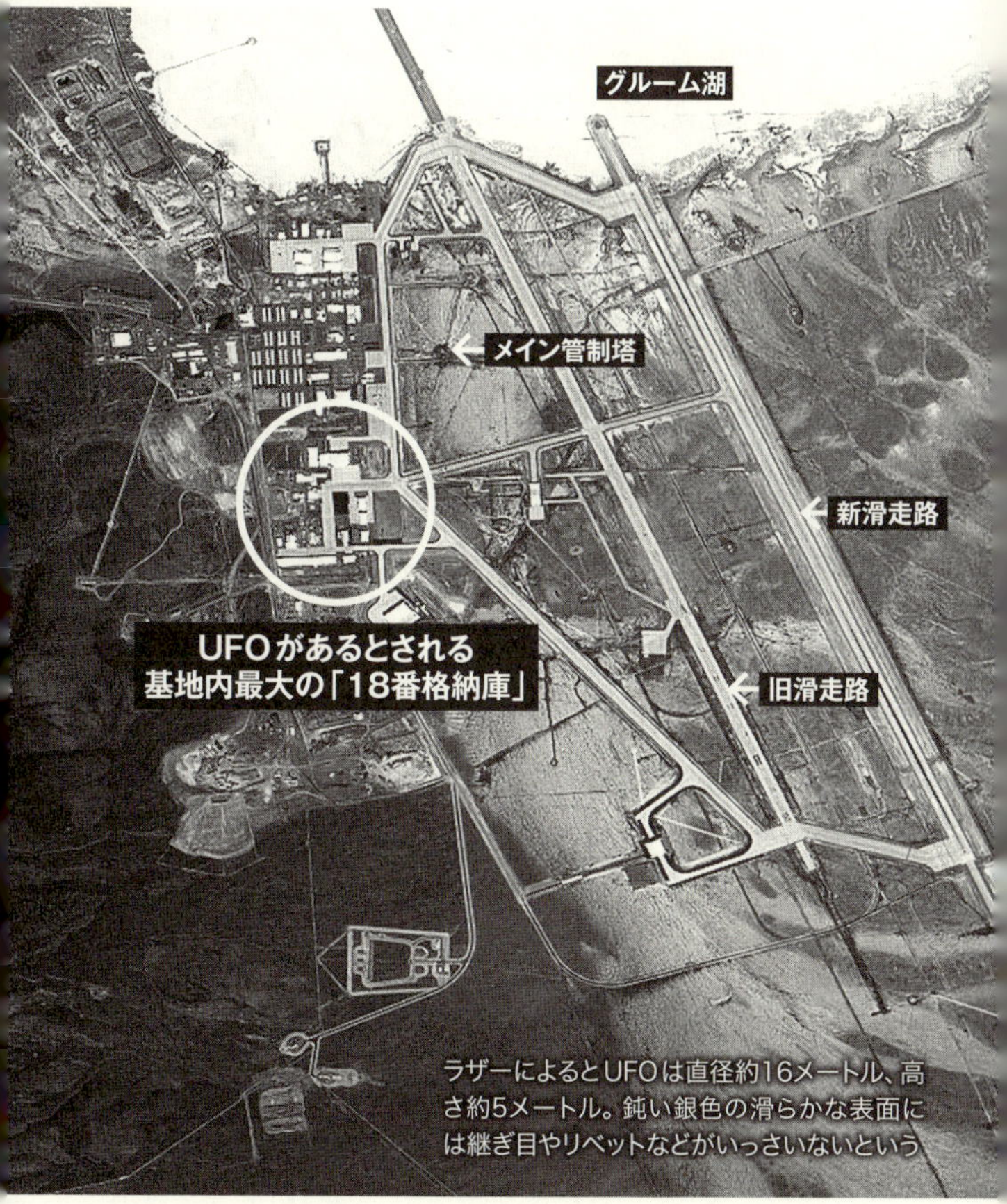

グルーム乾燥湖に隣接するエリア51内グレームレイク空軍基地。冷戦中、ソ連は衛星写真でその存在を知るも詳細は謎だった。周辺には立ち入り禁止の看板があり、近づくと逮捕・発砲の危険もある

戦闘機F-117「ナイトホーク」の試験飛行場でしかなく、冷戦時代には入手したソ連製戦闘機の飛行も行っていた。それら見慣れぬ飛行機を近隣住民が「UFO」と誤認したわけだ。

しかも2013年には米政府が正式にこの基地の存在を明かし、元職員が「エリア51にUFOはない」と証言している。だが、わざわざ「ない」と言い切るとかえって怪しく感じてしまうもので、いまでもエリア51にUFOがあり、宇宙人がいると考える人は多い。

UFOの動力源や飛行原理の研究

UFO研究者が注目するのは、ロバート・ラザーという科学者がエリア51内で、UFOの動力源や飛行原理の研究に従事していたと証言していることだ。ラザーによると全部で9機あるUFOは宇宙人から提供されたもので、飛行するUFOは青く放電し高圧静電気のような音を出していたという。

証言から連想されるのは1979年にカナダの発明家ジョン・ハチソンが、高電圧装置と静電高電圧発生装置により物体を浮揚させる実験映像を公開したことだ。これはUFOの飛行原理と重なるようにも思えるが、トリック映像説もあり真偽ははっきりしない。

だがこうした証言が出ることを考えると、エリア51の近隣住民が目撃した「UFO」の正体がすべて飛行機であったと断言するのは、まだ早いのかもしれない。

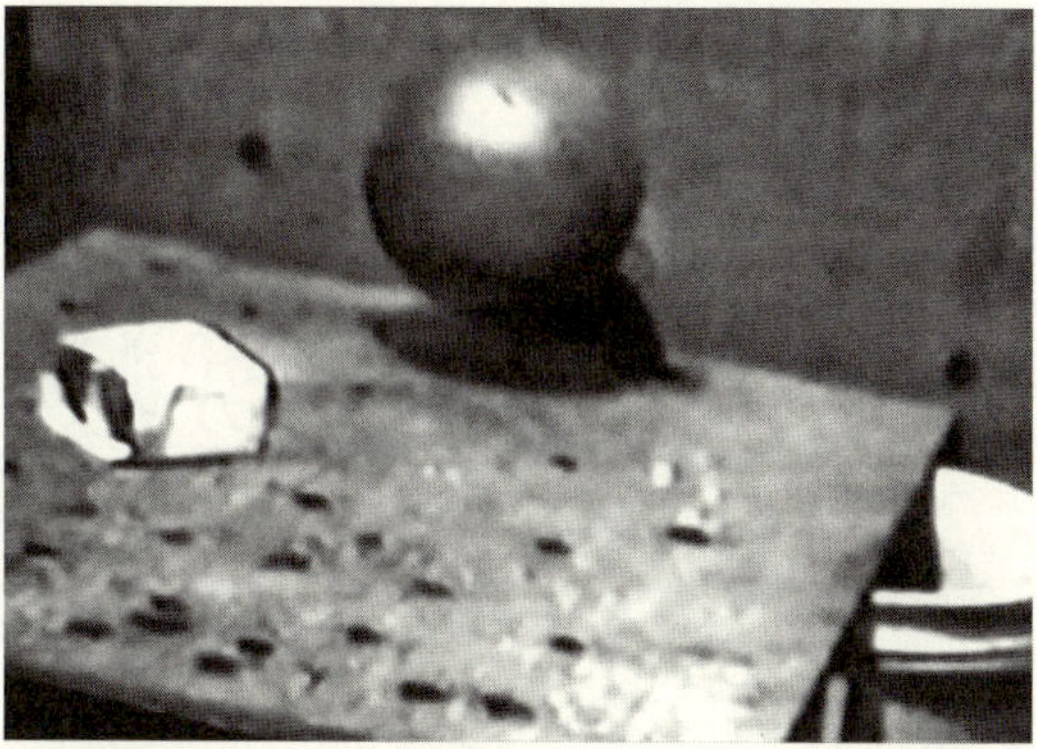

物体を浮遊させるハチソン効果

世界を驚かせたハチソン効果だが再現性に乏しく、いまは疑似科学扱いされている

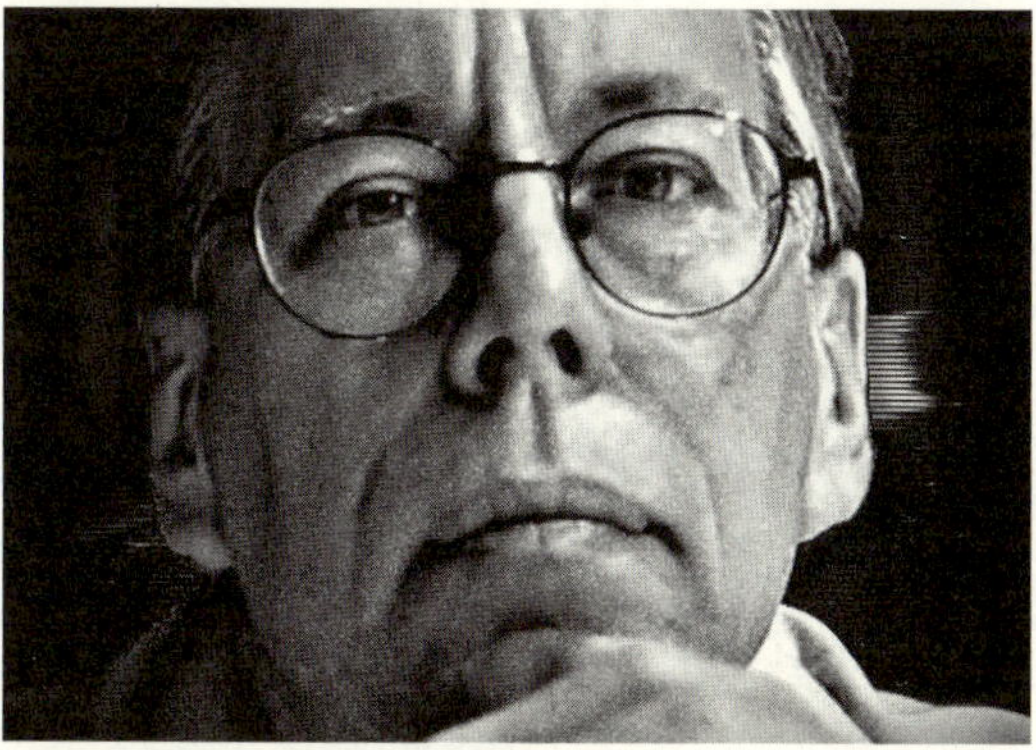

エリア51の科学者ロバート・ラザー

物理学の博士号を取得したのち、ロスアラモス国立研究所勤務を経てエリア51へ

エアーズロック

世界的観光地が立ち入り禁止に
宇宙人と政府の間に〝密約〟が存在か!?

聖なる巨大岩「ウルル」と宇宙人との関係

オーストラリアが誇る世界屈指の観光地が宇宙人のために立ち入り禁止——!?

「地球のへそ」と呼ばれるオーストラリア大陸の巨大一枚岩エアーズロック。東京タワーを凌ぐ高さ348メートル、周囲9・4キロの〝自然建造物〟の全貌は圧巻であり、かつては観光客の岩登りで賑わっていた世界遺産だ。

しかし、古代からこの岩に寄り添い生きてきた先住民アボリジニからすれば、「エアーズロック」という名称はヨーロッパからの移民が勝手に

壁画に描かれた宇宙人

アボリジニが壁画に描いた精霊ウォンジナ。このウォンジナには「空から舞い降りて世界をつくった」という古代からの言い伝えがある

DATA **所在地:**オーストラリア・ノーザンテリトリー準州／**標高:**863m／**周囲:**9.4㎞

文■金崎将敬

エアーズロックは宇宙人が落とした巨大岩という伝説

アボリジニの間ではエアーズロックは「空から落ちてきた赤い巨大卵」の残骸だったとされており、この巨大卵から生まれたのが人間の祖先だったという伝説が残されている

UFOの発着場だったエアーズロック?

一枚岩の大きさで世界2位を誇るエアーズロック。オーストラリアには世界1位のマウントオーガスタスも存在するなど〝発着向き〟の大陸ではあるつけたもの。アボリジニは古代から神が宿る聖なる巨大岩を「ウルル」と呼び、何の信仰心もなく足を踏み入れる観光客の立ち入り禁止を訴えていた。

そういった背景もあり、エアーズロックは時期によっては立ち入りが制限され、場所によっては写真撮影が禁止されたが、世界中のオカルトファンからはミステリーゾーンとして常に注目を浴び続けている。その理由はエアーズロックが宇宙人と関連があるのではないか、という噂のせいだ。

エアーズロック周辺はＵＦＯ目撃の多発地域であり、この巨大岩自体も宇宙人が落としたもの、という言い伝えがある。その証拠といわれるのがアボリジニが洞窟内に描いた宇宙人と思わしき絵の存在だ。先住民たちは地球生物以外の何かを見たのだろうか。

最先端の科学技術提供の見返りに立ち入り禁止に

さらにこの地には「ウルルの呪い」と呼ばれる伝説がある。エアーズロックに落ちていた石を持ち帰った者の身に不幸が訪れるというのだ。エアーズロックを管理する国立公園事務所には観光客が持ち帰った石が手紙とともに送り返されているという。その手紙によれば、石を持ち帰った観光客は病気や死などの悲劇に見舞われたというのだ。これはエアーズロックがＵＦＯの発着場や基地として活用されていた過去があり、ＵＦＯの影響で被ばくした石には人体の生命を脅かす放射能を含んでいた、と考えられるのではないか。

エアーズロックが発見されたのは１８７３年のこと。歴史的にはつい最近のことであり、観光地化されたことでＵＦＯの目撃情報、宇宙人と思わしき壁画、放射能疑惑と〝不都合な真実〟が徐々に明らかになってきた。

オーストラリア政府は表向きは先住民の要望を受けたという形で、２０１９年10月26日をもって岩登りを禁止としたが、莫大な観光収入を捨ててまでオーストラリア政府が立ち入り禁止の決断をした背景は何か。宇宙人がＵＦＯの飛来や実験などのためにエアーズロック周辺をもっと利用すべく、最先端科学技術の提供と引き換えにオーストラリア政府と取り引きした、という噂もある。

世界屈指の観光地が一転、立ち入り禁止のタブーゾーンに。誰も足を踏み入れることのできなくなったエアーズロックの頂《いただき》には現在、見てはいけないものが存在している――かもしれない。

伊勢神宮

天皇すら見ることができない
至高の神器が祀《まつ》られる「内宮正殿」

天照大神の御神体・八咫鏡《やたのかがみ》は神道のトップシークレット

天皇の王権を示す三種の神器のひとつ「八咫鏡」は、日本神話における天岩戸《あまのいわと》隠れの際に天照大神の姿を映したとされる鏡であり、三重県の伊勢神宮・内宮《ないくう》の正殿に祀られている。また、それと同形とされる形代《かたしろ》（神器に準ずるもの）が皇居・宮中三殿の賢所《かしこどころ》に祀られているが、実物も形代もともに天皇も含め見ることはできず、どういうものかわかっていない。内宮における天照大神の御神体でもある八咫鏡はいわば皇室と神道のトップシークレットであり、一般参拝者は正殿自体にも一定の距離を越えて近づくことは許されない。

上空から見た内宮・正殿

左が式年遷宮により新しく建てられた正殿。右の旧・正殿は取り払われたあと、小さな小屋が建てられる

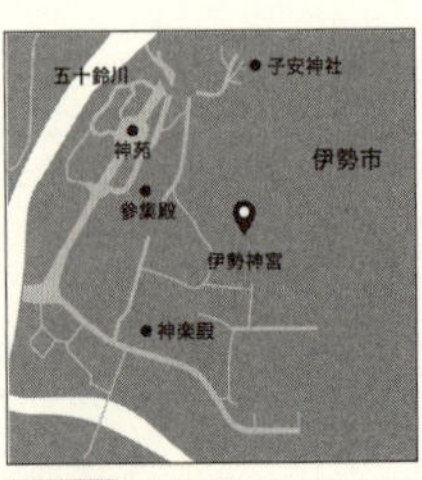

DATA **所在地：**三重県伊勢市／**創立：**4～5世紀頃

文■神谷充彦

八咫鏡（再現CG）

天岩戸隠れの際に天照大神を映したとされる鏡。このCGは八咫鏡と同形という説がある福岡県糸島出土の大型内行花文鏡をモデルにしている

伊勢神宮内宮・正殿

内宮正宮は四重の垣根に囲まれその最奥部・内院に正殿がある。一説には皇族でも正殿には入ることができないという

20年に一度の式年遷宮（正宮・正殿の建て替え）の際、八咫鏡は仮御樋代《かりみひしろ》に納められ、さらにそれが仮御船代《かりみふなしろ》に納められて正殿から運び出される。その仮御船代は旧約聖書で描かれる聖櫃《アーク》（契約の箱）とよく似ていることから、正殿付近には地下宮があり、そこに古代イスラエルから渡ってきた本物の聖櫃があるという説がある。なお、聖書ではユダヤ版三種の神器「十戒石板」「アロンの杖」「マナの壺」が聖櫃に収められているとされている。

また、いずれも真偽不明の話だが、伊勢神宮崇敬会の会長を務めていたパナソニック創業者・松下幸之助が地下宮の入り口まで行ったという話、神宮で清掃の仕事に就いていた人物が地下で「絶対に日本にあってはいけないもの」を見て怖ろしくなって逃げたという話、さらに初代・文部大臣の森有礼《もりありのり》が八咫鏡を実見したところ裏面にユダヤの言語・ヘブライ語が刻まれていたという話がある。

夜間の秘儀として行われる心御柱《しんのみはしら》の建て替え

地下宮の存在は不明というしかないが、それとは別に正殿の地面には直径約27センチ、長さ約180センチ（約150センチという説も）のヒノキ棒が埋まっている。これは心御柱と呼ばれ、外宮正殿の床下にある同種の棒は地上に突出している部分がある一方、内宮正殿のそれは完全に地中に埋まっているという。かつて正殿の床下近くまで侵入した参拝者がいたため、見えないよう完全に埋めることになったようだ。

この心御柱には神が宿り、内宮正殿に祀られた天照大神とは別の神とされている。ただし、それがどんな神なのかは記録に残っていない。

式年遷宮の際には心御柱も入れ替えるが、用材の伐採も柱を建てる儀式もともに夜間の秘儀として神職により執り行われる。そのうち「大物忌《おおものいみ》」と呼ばれる神職は童女が務めることになっている。大物忌になれる童女は伊勢神宮の神官家の子にかぎられていたが、現在は伊勢市などに住む一般児童から選出されている。なお、明治時代に入る前までは、祭りの時に大物忌の童女が正殿の床下に潜って心御柱に御饌《みけ》をお供えする儀式も存在した。

式年遷宮

伊勢神宮は20年ごとに内宮と外宮の正殿、別宮の社殿を建て替える。前回は2013年に実施されている

シオンの聖マリア教会

立ち入り禁止のユダヤの神器「聖櫃《アーク》」が所蔵されているというエチオピアの礼拝堂

DATA **所在地：**エチオピア・アクスム／**建設開始：**4世紀

教会関係者でも礼拝堂は立ち入り禁止

映画のサブタイトルにもなった「失われたアーク」。アークとは旧約聖書においてモーゼの十戒が刻まれた石板が収められた「聖櫃《せいひつ》」とも呼ばれる箱のことだ。そのアークがエチオピアの「シオンの聖マリア教会」の礼拝堂に収蔵されているという。そこには、修道士のうち番人を務めるたった1人以外、教会関係者であっても入ることすら許されていない。

アフリカにはイスラム教国家が多いが、エチオピアはキリスト教（エチオピア正教）が盛んな国。エチオピア正教の風習には古代キリスト教の影響が色濃く残っており、国内の総本山である「エチオピア正教会」は世界で最も古い教会のひとつといわれる。アークがあるとされる「シオンの聖マリア教会」はエチオピア北部の街、アクスムに建つ。街全体が世界遺産になっており、広場には約1700年前につくられたという石柱があちこちに

文■三井一生

アークのレプリカが披露されるティムカット祭

エチオピア正教会の年間最大行事。祭り自体は国内各地で開催され、レプリカを安置した洗礼所を取り囲むように人々が祝福の水浴び、その後食事を楽しむ

**アークが収蔵されている
とされる礼拝堂**

アフリカ諸国が植民地化された帝国主義時代もエチオピアは独立を維持。国内には聖書にまつわる名前の教会が多数存在する

シオンの聖マリア教会

古代キリスト教は4世紀頃に伝わったとされ、内部の装飾はアフリカらしい配色にあふれる

屹立《きつりつ》する神秘的なエリアだ。

しかし、なぜエチオピアにアークがあるのだろうか。

もともとアークは紀元前10世紀頃、聖地エルサレムにあるソロモン王の神殿に収められたとされるが、その存在はいつの間にか歴史から消えた。その後、長い空白の時を経て、再び歴史に姿を現したのがエチオピア版『日本書紀』のような歴史書『ケブラ・ナガスト』の記述。それによると、シバ王国の女王がエルサレムを訪問した際にソロモン王の子供をもうけ、その子供がのちにエチオピア初代の王メネリク1世となった。そのメネリク1世がエチオピアにアークを持ち帰ったと記されている。

「タボット」と呼ばれるアークのレプリカ

秘宝が眠る礼拝堂は立ち入り禁止だが、年に1回だけそのレプリカを目にすることはできる。それが1月19日の前後3日間行われる、エチオピア正教の祭典「ティムカット」だ。イエス・キリストが洗礼を受けたことを祝うもので、その祭りの時だけは、「タボット」と呼ばれるアークのレプリカが教会から川やプールなどの水辺へ運び出され、司祭がそこで祈りを捧げる。人々はタボットのあとを追うように行列をつくり、音楽を奏《かな》でながらにぎやかに練り歩く。その様《さま》はキリストのあとを追う人の群れのようだ。

「シオンの聖マリア教会」の礼拝堂は、本堂とは別棟で意外とこぢんまりとしている。しかし、レプリカであっても国中の人々が一目見ようと駆けつけるアーク。その本物が眠るとされる礼拝堂は、学者ですら調査に入れない禁忌の空間なのだ。

アークのレプリカ「タボット」

レプリカであっても凝視することはタブー。布で覆い人力で運ぶ時は頭に載せる。一目見たさに観客が殺到して死亡事故が起きたことも

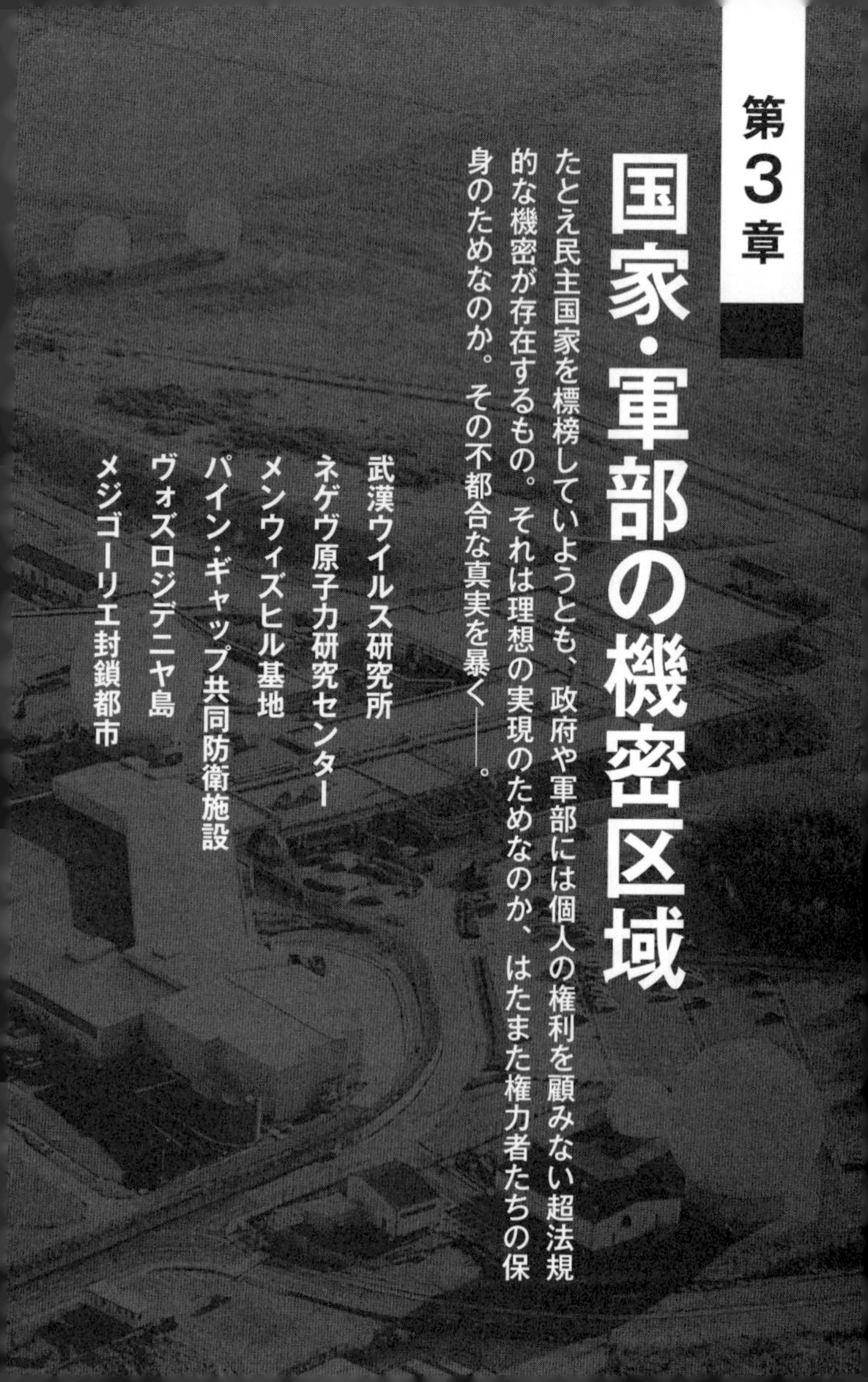

第3章

国家・軍部の機密区域

たとえ民主国家を標榜していようとも、政府や軍部には個人の権利を顧みない超法規的な機密が存在するもの。それは理想の実現のためなのか、はたまた権力者たちの保身のためなのか。その不都合な真実を暴く——。

モスクワのメトロ2
ウーメラ立ち入り制限区域
マウント・ウェザー緊急事態指揮センター
CIA本部
DARPA本部
HAARP研究施設
ペンタゴン（国防総省本庁舎）
江蘇国家安全教育館
グァンタナモ湾収容所
スネークアイランド
ダルヴァザ・ガスクレーター
スルツェイ島
ヒトラーの地下壕

武漢ウイルス研究所

新型コロナの〝発生源〟として世界中から黒幕扱いされる疑惑の中国国家機関

武漢ウイルス研究所から消えた「0号患者」

世界中の経済や文化活動に壊滅的な影響を与えている新型コロナウイルス。その発生源は中国・湖北省にある武漢華南海鮮卸売市場とされているが、「新型コロナウイルスは故意に流布された」「兵器用ウイルスの実験中に流出した」という説が世界中で広く認知されている。その陰謀論の犯人と特定されているのが海鮮卸売市場と同じ武漢市にある武漢ウイルス研究所だ。いま最も世界から注目を浴びる立ち入り禁止区域である。

アメリカのトランプ前大統領からも名指しで〝黒幕〟扱いされた武漢ウイルス研究所は1956年の設立。重要研究対象が各種コロナウイルスだったことで同所を発生源とする指摘が相次いでおり、なかでも高い関心が寄せられたのが「0号患者説」。同所で研究に携わる研究員が新型コロナ最初の患者、すなわち0号患者ではないかという疑惑だ。

DATA **所在地：**中国・湖北省／**設立：**1956年

文■金崎将敬

各種コロナウイルスの最先端研究所だった

1956年に設立された武漢ウイルス研究所。"コロナ禍の黒幕"と批判する米政府が研究資金を援助していたという複雑な関係も

武漢ウイルス研究所内部と研究主任の石正麗

コウモリのウイルス研究の第一人者である石正麗。「バットウーマン」と呼ばれ、コロナウイルスの研究に従事。今回の新型コロナは外部から持ち込まれたと主張

研究員が実験中ウイルスに感染して死亡し、火葬場からウイルスが世界中に広まったのではないかというこの説は、研究所ホームページのメンバー紹介リストでその研究員の名前が消去されていたことも疑惑を深める一因となった。研究所の証言は二転三転したが、その研究員の所在はいまだ明らかにされていない。

また、実験動物を華南海鮮市場に販売していたという説も流布されると、武漢ウイルス研究所の過去も追及された。２０１３年、雲南省にある銅鉱山の廃坑の中で、コウモリの糞を掃除した清掃作業員が重い肺炎にかかり死亡。そこで採取された新型コロナに似た標本が研究所に送られたことが発覚。そのウイルスこそ新型コロナではなかったのか、というものだ。

インド、ドイツなどに責任転嫁する中国政府

これらの説はあくまで推測にすぎなかったが、香港大学のウイルス専門家で現在はアメリカに亡命中の閻麗夢《イエンリーモン》博士が「新型コロナは武漢ウイルス研究所がつくったもの」とイギリスのテレビ番組で証言。「科学的証拠もある」と明らかにした閻博士は、香港在住時から研究所の関与を疑っており、身の危険を感じて２０２０年4月にアメリカに亡命したという。

トランプ前大統領やアメリカの議員からも追及の声があがったことで、渦中の武漢ウイルス研究所もついに重い口を開かざるをえなかった。アメリカのＮＢＣが初めて武漢ウイ

ルス研究所に足を踏み入れ、取材を受けた研究所所長が「我々が新型コロナのゲノム配列を最も早く発見したチームのひとつだ。しかし、不幸なことに、ウイルス発生源についてスケープゴートにされてしまった」と黒幕説を否定した。

それでも世界中から疑惑の声が収まらないとみるや、今度は中国政府がプロパガンダ工作に出る。中国疾病予防管理センターが「新型コロナの真の発生源は中国ではなくインド」という趣旨の論文を発表。また、2020年11月には中国政府の輸出入食品安全局が「諸外国から輸入した冷凍食品から新型コロナが検出された」と発表。安全局によれば、ドイツ産の豚肉、エクアドル産のエビ、ノルウェー産のサケなどの冷凍食品からウイルスを検出したという。いずれも中国メディアが大々的に報道したが、研究所自体が徹底的に調査されないかぎり、世界は納得できないだろう。

新型コロナが世界に広まり始めた2月頃、中国にとって不都合な真実を隠蔽すべく、人民解放軍が武漢ウイルス研究所を爆破した、というフェイク動画がネットで拡散された。一党独裁国家だけに、爆破ではないにしろすでに武漢ウイルス研究所の闇は葬られてしまっている可能性は高い。残念ながら、研究所の密室に存在した「何か」が、今後解明されることはないだろう。

ネゲヴ原子力研究センター

イスラエルの核兵器開発が懸念される砂漠の巨大地下〝秘密工場〟

核保有国になるべしという強い信念

イスラエル南部、ヨルダン寄りの砂漠にひっそりとたたずむネゲヴ原子力研究センターには、長年にわたりベールに包まれた巨大な地下施設があるという。

研究センターの目的はあくまで発電用であると同国は主張しているが、国際的にある疑惑を持たれている。その〝地下施設〟でつくられているものは核兵器だというのだ。

1948年の建国当初、ベングリオン初代首相はアラブ諸国に囲まれた自国の安全保障のために、核保有国になるべしという強い信念を持っていた。当時、核

地上から見た研究センター

過去の放射能漏れ事故により、職員たちががんを発症して訴訟になったことも。爆発すれば中東地域の数百万人の健康に影響があるとされる

DATA **所在地：**イスラエル・南部地区ディモナ／**設立：**1957年

文■三井一生

エルサレムの南に位置するネゲヴ砂漠に忽然と現れる原子力センター。ネゲヴ砂漠は紀元前2〜3世紀頃から香料の交易の通り道で、周囲の遺跡群は世界遺産に指定されている

技術があったアメリカ、ソビエト連邦（現・ロシア）、イギリス、フランスのうち、イスラエルは1950年代にフランスから原子炉を購入。1957年、ネゲヴ砂漠の街ディモナで施設の建設が始まった。

核保有をめぐって世界各国が綱引きをしていた時代、1960年に『ニューヨーク・タイムズ』が「イスラエルが核保有間近」と報じ、世界に衝撃が走った。核兵器に転用できるプルトニウムの研究が秘密裏に進められているという疑惑をイスラエル側は否定した。他国の科学者による査察団が乗り込んだが、厳重に伏せられた地下施設の存在には気づかないまま、査察は終わってしまったという。

ネゲヴ原子力研究センターでは現在、1945年、太平洋戦争で米軍が長崎に投下した原子爆弾を年間10～15発も生産できる能力を持っているとされる。

原子炉で見つかった1500カ所以上の不具合

世界の注目を集めた査察も逃げ切ったその秘密工場では、現在、さらなる危険が懸念されている。2016年の地元紙報道によると、超音波による調査の結果、原子炉になんと1500カ所以上もの不具合が見つかり、炉心内部に亀裂や変形が確認されたという。

専門家の間でこの原子炉の有用年数は30年との見方が強かったが、1963年から稼働しており、2020年時点で半世紀以上が経過している。2013年にも原子炉の事故が発生した経緯もあり、老朽化したことで大災害の回避はすでに手遅れなのでは、と周囲を不安に陥れている。

史上最悪の原発事故であるチェルノブイリよりも原子炉の規模は小さく、仮に災害が起こったとしても世界的規模の事故にはならないというが、危険をはらんでいることには変わりはない。老朽化に加え、国家間の火種がくすぶる地域。1967年の第三次中東戦争では、誤って研究センターに近づきすぎたイスラエルの戦闘機が撃墜されており、2019年にはテログループがこの施設を標的とする声明を出した。ボタンのかけ違いがあれば、いつでも〝暴発〟する危険地帯なのだ。

メンウィズヒル基地

5カ国共同で安全保障の情報を秘密裏に収集する「世界最大の盗聴機関」基地

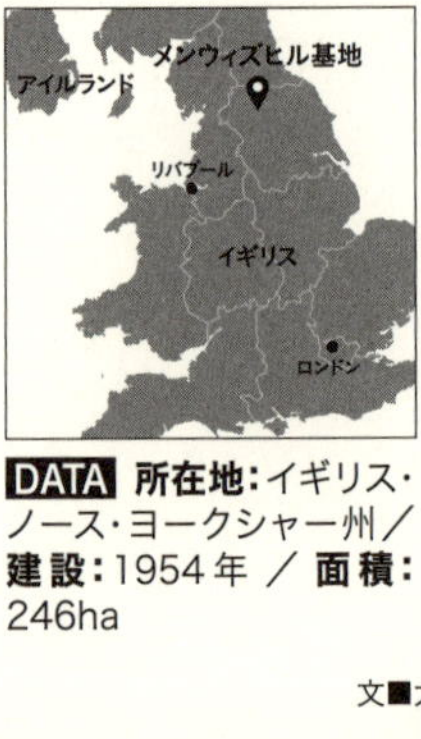

DATA **所在地**：イギリス・ノース・ヨークシャー州／**建設**：1954年／**面積**：246ha

冷戦時代のソ連の信号傍受を目的に基地利用を開始

英国ノース・ヨークシャーの広大な自然の中に存在するメンウィズヒル基地。イギリス空軍の軍事基地だが、運営にはアメリカの機密機関である国家安全保障局（NSA）が関わっているという。基地の特徴は、草原に囲まれた広大な敷地に並ぶ白い球体。巨大地球儀のような不思議な物体は「レドーム」と呼ばれる保護カバーで、内部には衛星から情報を受信するアンテナがあり、このレドームのエリアには選ばれた人間しか立ち入ることができない。敷地自体も鉄条網などで厳重に囲われており、兵士が常に巡回している。

基地は1954年に建造。ソ連（現・ロシア）と冷戦状態にあったアメリカは、ソ連の信号傍受を目的にこの基地を利用。「世界最大の盗聴機関」の始まりである。

「世界最大の盗聴機関」を支える通信傍受システムの成立は、第二次世界大戦直後の時期

文■大町毅

特徴的な傍聴レーダー
カバーの素材は電波を通しやすいグラスファイバーやテフロンなど。見た目から通称は「ゴルフボール」。レドームは一般旅客機の先端にもついており、やはりアンテナを保護

まで遡る。1946年にイギリスとアメリカの間で通信傍受協定が結ばれた。この時、アメリカを中心に構築された「エシュロン」と呼ばれる軍事目的の通信傍受システムが誕生した。

エシュロンはフランス語で「はしご」の意。軍事用語では、大軍が行進などをするときに分けられる部隊のことを指す。この場合のエシュロンは、「秘密の通信傍受部隊」となる。

機密情報共有の枠組み「ファイブ・アイズ」

この米英間で結ばれた協定は、のちにカナダ、オーストラリア、ニュージーランドが加わって「UKUSA協定」として、5カ国共同で安全保障に関わる情報を収集する仕組みに発展した。UKUSA協定に基づく機密情報共有の枠組みは「ファイブ・アイズ」と呼ばれ、アメリカを中心に通信傍受網で電話やメールなどの情報を集めて分析。協定参加国は相互に傍受施設を共同活用しているとされる。その存在は長年、公式に認められていなかったが、2010年に関連文書が公開されたことで活動の一端が明らかになった。

メンウィズヒル基地で秘密裏に進む通信傍受は、日本との関連も話題となった。一説では、青森県にある三沢基地が「エシュロンの施設」とされている。日本はファイブ・アイズの一員ではないが、安全保障面で5カ国とは協力関係にある。

「世界最大の盗聴機関」は、私たちの身近にも存在しているのかもしれない。

広大な敷地に建つメンウィズヒル基地

イギリスのグレート・ブリテン島中央部に位置する基地。山の裾野に大小約30個の「レドーム」が居並ぶ。レドームは「レーダー」と「ドーム」を組み合わせた造語

パイン・ギャップ共同防衛施設

「宇宙研究施設」と嘘の名目で設置されたオーストラリアにある米軍最大の諜報衛星基地

DATA **所在地：**オーストラリア・ノーザンテリトリー準州／**運用：**1970年

基地職員の大半はCIA、NSA、米軍から派遣

オーストラリアの砂漠地帯にある米軍基地「パイン・ギャップ共同防衛施設」は、日本にある米軍基地とはひと味違う。1966年の建設開始当時、地元住民には「宇宙調査の研究施設」と説明していた。職員はオーストラリア、アメリカの両国から派遣されていることになっているが、その大半は米中央情報局（CIA）や国家安全保障局（NSA）のような諜報機関、そして米軍から派遣された米国人だという。

〝初期設定〟から本来の運用目的が伏せられているだけあって一般人は近づけない。基地はオーストラリアの中央部、砂漠地帯のオアシスであるアリススプリングスから約20キロの場所に位置する。赤い砂漠に囲まれたその秘密基地に向かう道路には、「NO THROUGH ROAD」の文字やUターンのマークが描かれた道路標識が並び、部外者に強い

文■大町毅

メンウィズヒル基地と同じくレドームが並ぶ

「共同」の名のもと、運営の中心はアメリカが担う。オーストラリアにとっては、アメリカとの軍事的協力のために手放せない施設となっている

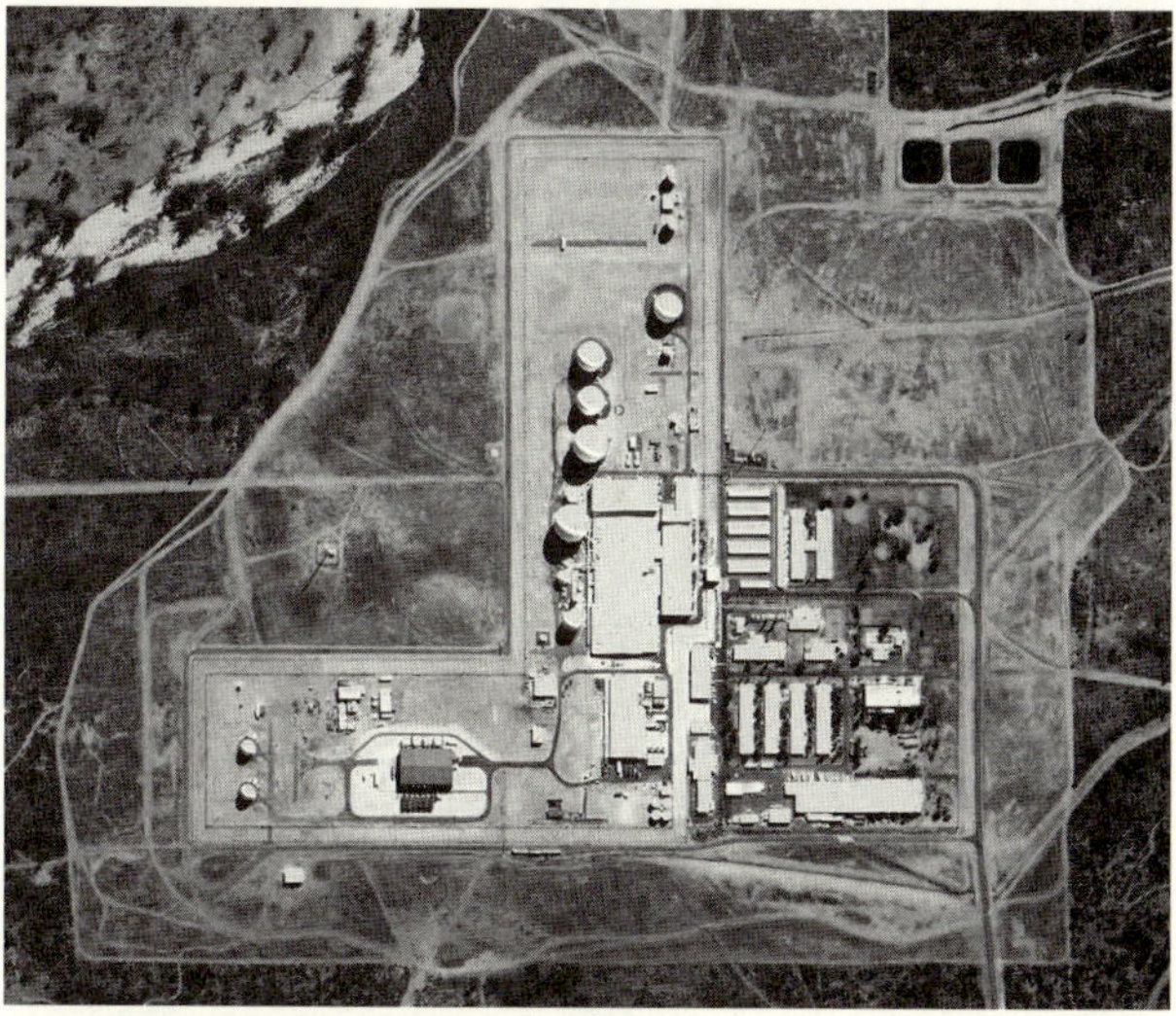

ミサイル防衛システムの拠点としても活用

ソ連との冷戦期に建設され、アフガニスタン、イラクなどの中東湾岸地域、そして北朝鮮が調査対象に。時代とともに変わり続けるアジアの軍事的脅威に対応していく

警告を発している。この地点で写真撮影も禁止されている。

基地は冷戦時代の産物であり、アメリカはソ連（現・ロシア）の弾道ミサイル実験計画の実態を掴むため、オーストラリアの協力を得て、このパイン・ギャップから偵察衛星で監視を続けてきた。

それに留まらず、創設当初からアジア各国の通信網も把握。高性能の衛星通信機能を駆使するために、アンテナを保護する巨大な球体のカバー「レドーム」が取りつけられており、基地にいくつもレドームが居並ぶ様はガス備蓄基地のようだ。

北朝鮮のミサイル発射もレーダーで監視

パイン・ギャップは１９８０年代頃から、平和活動家の抗議の対象になってきた。事実上、米諜報機関による施設は戦争を誘発するという観点から、平和活動家が基地に向かう道路の突破をたびたび試み、いずれも不法侵入で逮捕されてきた。なかには、システムにハッキングを仕掛けた活動家もいたという。

オーストラリア政府は長年、この秘密基地について説明を避けてきたが、２００３年にアメリカのミサイル防衛システムの重要な拠点として使用させると発表した。国内でも議論はあったが、２０１７年４月に北朝鮮が弾道ミサイル試射に踏み切る兆候がみられた際には、アメリカ政府が同盟国に迎撃支援を通知。北朝鮮のミサイル発射をレーダーなどで監視しているパイン・ギャップも支援態勢に入った。各国の軍事情報が集まる米軍最重要の諜報施設。近年ではアメリカのミサイル防衛システムの拠点としても活用されている。

この秘密基地への注目度は高く、2018年には米ABCがドラマ『パイン・ギャップ―諜報機関実録―』を放送。2011年には、地下にあるとされる秘密部門をモチーフにした映画『エリア52』が制作された。

謎に包まれた諜報活動を描いたテレビ番組。権謀術数渦巻く機関の疑心暗鬼な人間模様を描いた

ヴォズロジデニヤ島

地図にすら記されなかったアラル海に存在した旧ソ連の〝極秘〟細菌兵器研究所

暗号ネームは「アラルスク-7」

　中央アジアのウズベキスタンとカザフスタンにまたがる塩湖「アラル海」。そこに、数十年前まで存在を秘匿されていたヴォズロジデニヤ島が浮かんでいた。

　当時はラグーンに囲まれた青い水が広がり、魚の群れも生息していたアラル海だが、現在では干上がって陸続きになったうえに砂漠化が進行している。

　島だった場所に、廃墟となった施設がある。暗号ネームは「アラルスク-7」。かつてのソ

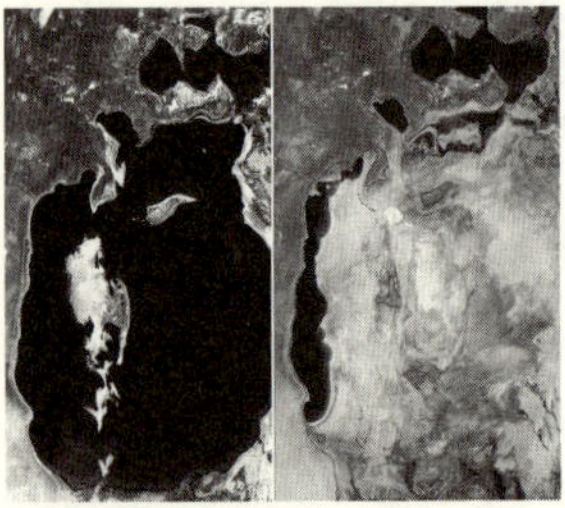

消えたヴォズロジデニヤ島

かつては日本の東北地方とほぼ同じ面積という世界4位の湖面面積だった。綿花栽培に向けた灌漑工事後、流入する水が減少して急激に縮小

DATA **所在地：**ウズベキスタン領／**人口：**約1500人（1980年代）

文■三井一生

汚染された細菌兵器研究所は設備の撤去も不可能

この研究所を含め細菌兵器計画では国全体で約5万人が従事。島は当初、皮肉にも「再生」を意味する「ヴォズロジデェーニエ島」と呼ばれた

住民の居住区も廃墟に

約1500人が住み、スーパー、病院、学校も完備されて快適な暮らしが営まれていた。水は島外から運ばれ巨大なタンクに貯水していた

現在も細菌残留はあるという

細菌はチフス、野兎病、ベネズエラウマ脳炎、ブルセラ症も。野外で犬、馬、羊にも動物実験が行われたことで細菌は土壌にも浸透した

連が大規模な細菌兵器を実験・研究し、長年ソ連の地図には記されなかった場所だ。人がいなくなって朽ち果てたわけではない。近づいた人はほぼ死亡する可能性が高いからこそ、廃墟になったのだ。

炭疽菌、ボツリヌス菌、ペスト、天然痘。人体に有害な細菌類が数十種類も研究されていた。

1930年代にまずは口蹄疫研究所として創設され、ワクチンが開発されていた。そして1937年、ソ連の細菌兵器研究所もヴォズロジデニヤ島に移された。当初は島の名前すらなく、研究所の設置を契機にようやく名づけられるほどの僻地だった。

細菌兵器研究所ができたことで、研究所員の家族が島の北部に移り住み、幼稚園、学校、食堂、商店ができにぎわった。しかし、島の南部では人の命を奪うための実験が繰り返されていた。

細菌は実験によって強毒化され、化学防護服を着た兵士が檻に入れた実験動物にそれを噴霧し、苦しんで死んでいく様が克明に記録された。様々な実験動物を取り寄せるなか、ある時、炭疽菌の実験用にアフリカから500匹の猿が調達された。いよいよ霊長類を実験対象としたことで、実験中の細菌は人間に効力のある「兵器」として住民の体を冒し始めたという。

細菌兵器研究所の閉鎖後も島内には細菌兵器が漂う

米ソ冷戦時代の１９７１年、異変が起こる。ヴォズロジデニヤ島の近くを通過した調査船が、不気味な黄色いもやに遭遇した。乗船していた女性研究者はその後実家に帰省したところ、数日後に天然痘と診断された。周囲の９人にも感染し、うち家族を含む３人が死亡した。

その1年後には、近辺の沖を漂流する船の中から漁師の遺体が発見され、死因はペストと判明した。１９８８年5月には、ヴォズロジデニヤ島の草原で動物の群れが大量死した。

２０００年代になっても、島に上陸して炭疽菌で亡くなる少年が出たことから、国は細菌兵器研究所の〝遺物〟を壊滅させるべく、米国の協力を得て専門家チームを現地調査に派遣した。土壌に細菌の胞子が存在することが確認され、ヴォズロジデニヤ島があった場所全体の汚染が明らかになった。

汚染された土壌は処分されたものの、目に見えない〝兵器〟は現在も島の跡地を漂っている。

メジゴーリエ封鎖都市

第三次世界大戦時に国家指導者クラスが避難するロシアの地下シェルター施設

DATA **所在地：**ロシア・バシコルトスタン共和国／**建設：**1979年頃／**標高：**560m

軍によって立ち入り禁止にされた秘密基地の存在

広大なロシアの国土。その管轄下にあるバシコルトスタン共和国に、第三次世界大戦に備えた２つの封鎖基地がある。暗号名は「ベロレック-15」と「ベロレック-16」。ウラル山脈の南側、標高１６００メートルあまりのヤマンタウ山が「15」、その近隣の街メジゴーリエが「16」を指す。１９７９年頃から建設が始まり、基地のある場所への立ち入りは軍の警備によって阻まれ、長年にわたって地図からも消されていた。

目撃者によると、山間の集落に似合わないコンクリートのヘリポートが設置され、特殊装備をまとった兵士が常駐。近づく者を見張っていたという。当時は近隣の街にある楽器製造工場で１９５０年代から核兵器が製造・保管されている噂もあり、地域のバシキール人たちは、ヤマンタウ山を「邪悪な山」という言葉で表現する。

文■三井一生

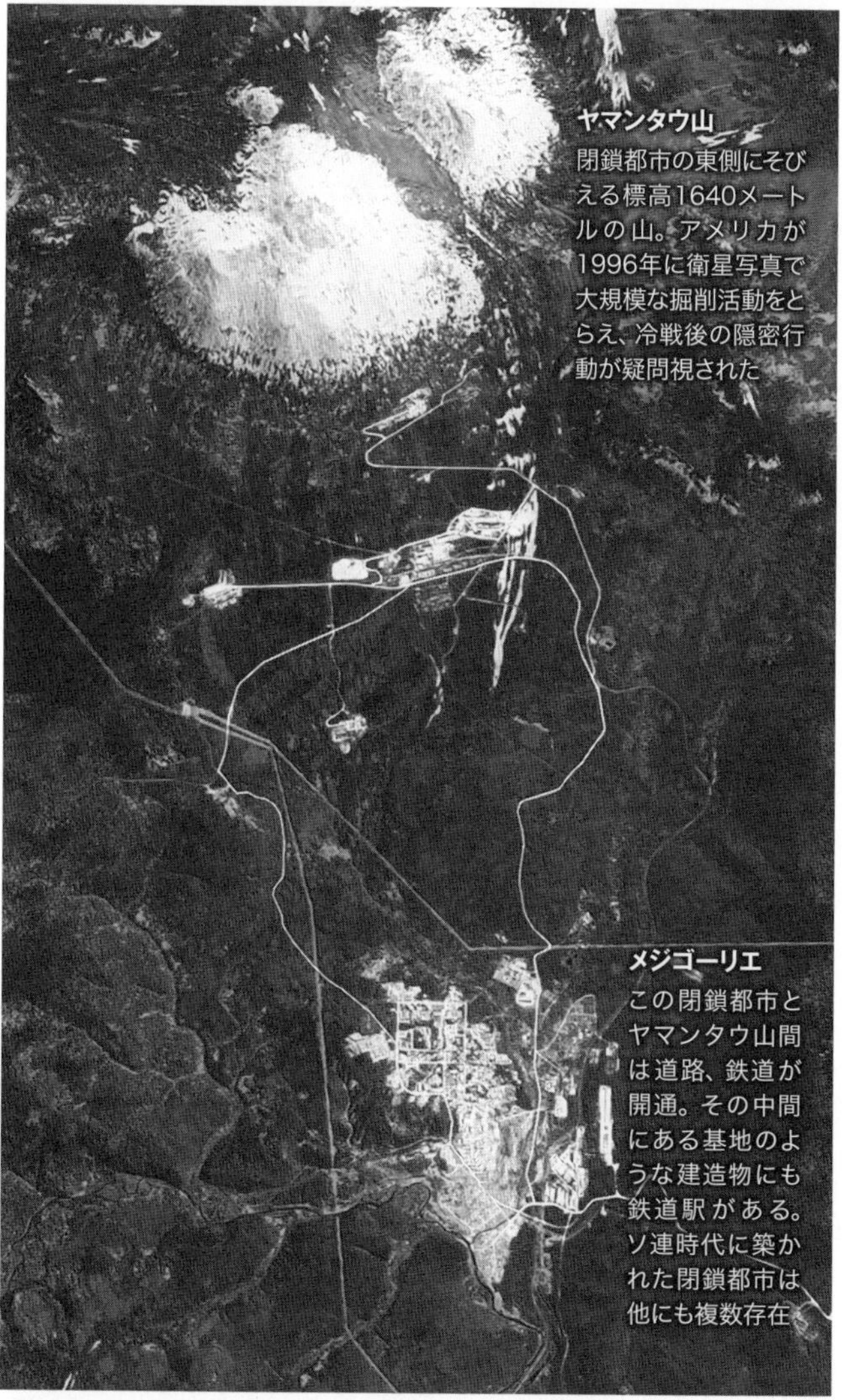

ヤマンタウ山

閉鎖都市の東側にそびえる標高1640メートルの山。アメリカが1996年に衛星写真で大規模な掘削活動をとらえ、冷戦後の隠密行動が疑問視された

メジゴーリエ

この閉鎖都市とヤマンタウ山間は道路、鉄道が開通。その中間にある基地のような建造物にも鉄道駅がある。ソ連時代に築かれた閉鎖都市は他にも複数存在

1996年には、『ニューヨーク・タイムズ』が大々的に「秘密都市である」と報道した。記事によると、ウラル山脈南部のベロレツク地域のヤマンタウ山、メジゴーリエに労働者数千人を投入して鉄道、高速道路を整備。基地施設の規模は日本なら地方都市に相当する400平方マイル（1035平方キロメートル）にも及ぶものだという。

軍事および通信設備を備えた地下施設

さらに、地下施設には膨大な政府の資産が隠されているほか、食料貯蔵庫も兼ね備え、第三次世界大戦時に国家指導者クラスが避難するシェルター都市だというのだ。加えて、衛星写真で掘削作業が確認されたことから、米国当局はロシアがこの地下施設に軍事および通信設備を備えているとした。対してロシア側は軍事基地ではなく、あくまで鉱業、鉱石の処理場建設だと主張したが、のちに食料と衣類の貯蔵庫だと前言を翻している。

近年は橋が朽ちているなど建造物が老朽化しており、ただちに使用する準備がなされているとは言えない状況だという。また、かつてこの施設を囲んでいた軍隊は現在、姿を見せていない。現在、ヤマンタウ山に登ることは可能だが、施設にたどり着く道程には熊も出没する危険地帯のため、一般人は近づくことはできない。自由に往来できるのは崖に住むヤギだけだという。

メジゴーリエ市街地

人口は約1万8000人。ソ連崩壊後は閉鎖が解除された街もあるが、メジゴーリエのようにまだ通行許可証が必要な都市も存在する

モスクワのメトロ2

シェルターや臨時執務室まで用意された有事の際の「要人脱出用」秘密メトロ

クレムリンや国際空港にも繋がる〝裏地下鉄網〟

ロシアの首都・モスクワには、旧ソ連時代から建設が始まった地下鉄「モスクワ・メトロ」が縦横無尽に走っている。日本とは異なり、地下鉄各駅には豪奢な装飾が施されている。モザイク画、シャンデリア、そして近未来的な駅もあり、まるで美術作品のようだ。1935年に開業し、現在は12路線、200以上の駅が存在するまでに巨大化した。

しかし、モスクワにはもう一つ〝秘密の地下鉄網〟があるとされる。それが通称「メトロ2」だ。〝表の地下鉄〟「モスクワ・メトロ」が開業した1935年よりも前から計画され、有事の際に要人がモスクワから脱出するためのものといわれ、クレムリン、ヴヌーコヴォ国際空港などに通じる路線があるほか、シェルターや臨時執務室も用意されているという。

DATA **所在地：**ロシア・モスクワ州

文■三井一生

メトロ2とされる地下鉄

立ち入りできる人間はごく一部の高官にかぎられ、全貌を知る人間はさらに少数。「赤の広場」周辺や“表”の地下鉄が通っていない場所に地下鉄工事の際に打ち込まれる巨大な杭が目撃されている公式発表はないが、ロシア国内でもその存在は根強く信じられている。メトロ2に入ろうとトンネルに潜り込んだ人間は、地下鉄公社ではなく当局に身柄を拘束されるからだ。

侵入者の逮捕理由は「国家機密に関わること」

しかしロシアでは、メトロ2に忍び込もうとする人々があとを絶たない。地下鉄が運休する深夜1時以降にトンネルに侵入して探索する人たちを指して「ディガーズ（掘る人たち）」という呼び名まであるほどだ。タス通信によると、2020年8月にロシアのYouTuberがメトロ2の入り口を探すために地下に潜り込み、その情報をウクライナに流したとして当局に逮捕されたという。逮捕理由は「国家機密に関わること」とされ、暗にこのYouTuberがメトロ2にたどり着く情報を得たことが示されてしまった。

トンネル以外にも、メトロ2へ繋がる道なのでは、と思わせる目撃談が数多くある。〝表〟である「モスクワ・メトロ」の駅構内には鉄格子が掛けられている箇所があり、封鎖されている階段もある。地下鉄に乗っていると、路線図にはない線路と合流するという。ロシアの作家ウラジミール・ガニックは、独自の地下鉄網がある都市を描いた小説『メトロツー』について、「すべて想像で書いたわけではない」とコメントしている。また、モスクワ地下鉄公社の責任者だったドミトリー・ガイエフ元総裁がメトロ2について「私は何も否定しません。もし存在しなかったら、私は驚きます」と発言したとされ、秘密地下鉄は公然の秘密となっている。

“表”のモスクワ・メトロにもあるメトロ2への入り口

不自然な「行き止まり」があったらメトロ2の入り口。ロシアには巨大な地下街もあり、2013年には中央アジアからの不法就労者が住み着いていることが判明し一斉摘発された

ウーメラ立ち入り制限区域

欧米各国が核・兵器実験、宇宙計画を行う豪州にある〝世界最大規模〟の軍事訓練場

日本の本州の約半分に相当する広大な敷地

日本の小惑星探査機「はやぶさ」「はやぶさ2」のカプセルが着地したオーストラリア中南部の「ウーメラ立ち入り制限区域」は、本来であれば文字どおり立ち入り禁止の場所。国防省の管轄下に置かれた世界最大規模の軍事訓練場だ。

「はやぶさ」のプロジェクトで「ウーメラ砂漠」と呼ばれたように、この一帯は砂漠が大半を占める。面積は12万7000平方キロメートル。日本の本州の約半分に相当する広大な敷地だ。加えて人口密度が低く電磁波の影響を受けにくいという

DATA **所在地：**オーストラリア・南オーストラリア州／**面積：**12万7000㎢

ウーメラ立ち入り制限区域を着地場にした日本のはやぶさ2

2020年12月、日本の探査機「はやぶさ2」が投下した小惑星「りゅうぐう」の採取物が入っているカプセルは計画通り砂漠に着地。コロナ禍で準備は困難を極めた

文■大町毅

ウーメラの巨大試験場

兵器実験や宇宙開発のほか、民間による非軍事計画の試験にも使われる。2020年2月にはイギリスの宇宙産業会社が開発した太陽光電気航空機の飛行試験も行われた

区域の中核として1947年に設立されたイギリスとオーストラリアの共同試験場

イギリスとオーストラリアによるプロジェクトの最重要拠点として設営された兵器試験施設。アボリジニの聖地とされる試験場には、隣接する牧場の土地も含まれる

環境もあり、世界有数の防衛実験区域となった。

第二次世界大戦後の1947年から立ち入り禁止とされ、自国のみならず欧米各国の兵器実験の場となった。イギリスとオーストラリアの共同プロジェクトで繰り返し行われたロケット発射実験では、破片が周囲数百キロにわたって飛び散り、いまもなお危険物が地中に埋まっている可能性が指摘されている。

立ち入り制限区域に含まれる〝アボリジニの聖地〟

冷戦中の1950～1960年代、同じ中南部のマラリンガを中心に行われたイギリスによる核実験は、先住民アボリジニへのずさんな避難指示の結果、多くの被ばく者を生んだ。この核実験にはウーメラ立ち入り制限区域が一部含まれていたという。

現在も兵器の実験や地上軍の演習のほか、航空宇宙施設用地としても使用。「はやぶさ」が2010年、2020年に2回連続で着地点に選んだように、宇宙活動に門戸が開かれている。

また、区域内には金、銀、銅、鉄鉱石、ウランなどの資源も大量に埋蔵されているという。2013年にはオーストラリア政府が同区域の使用規制を緩和し、未開発の鉱物埋蔵地を鉱山業者らに開放する法案を示した。資源の採掘、現地調査の際には国の許可が必要となる。

地域の名称「ウーメラ」は、先住民アボリジニの言語が由来。狩猟などでやりを投げる際、飛距離を出すために使用する道具を指す。このエリアはもともとアボリジニの聖地とされ、伝統的な6部族が所有する土地も含まれている。

2010年、初代「はやぶさ」のプロジェクトでは、オーストラリア政府側がアボリジニの代表と現場を確認しながら「はやぶさ」について説明。彼らの了解を得て、当日はアボリジニの代表がヘリコプターで現地を視察したうえで、回収作業を行った。2020年は「はやぶさ2」のカプセル着地に日本が沸いたが、アボリジニにとっては二度と戻れない、聖地でもあるのだ。

マウント・ウェザー緊急事態指揮センター

核戦争後の「米政府存続計画」のために「影の政府」がつくった超法規的施設

核攻撃を受けても政府を機能させる巨大地下都市

米バージニア州のマウント・ウェザー。この地区の地下には、アメリカ政府が「政府存続計画」を実行するためにつくった「マウント・ウェザー緊急事態指揮センター」という施設が存在する。

地下施設の建設が始まったのは1950年代から。この頃、アメリカとソ連（現・ロシア）の冷戦は本格化し、核戦争の可能性もあ

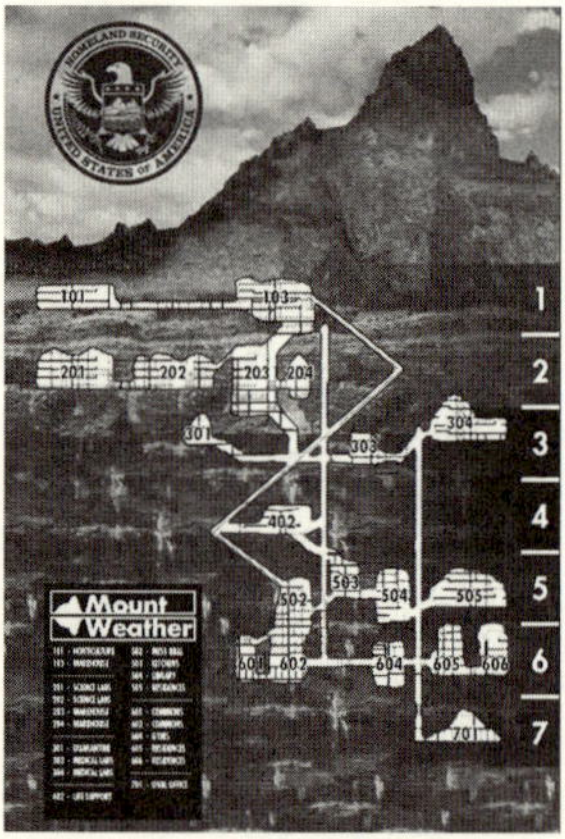

謎に包まれた地下区画

地下エリアについてはいまだ明らかになっていないことも多い。出入り口の扉はどれも、厚さ3メートル、重さ30トンの防爆扉だという噂も

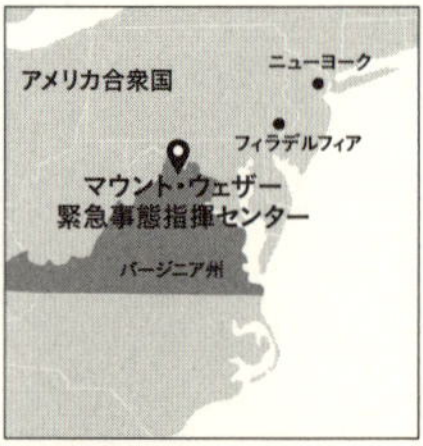

DATA **所在地：**米国・バージニア州／**運用開始年：**1959年

文■鶉野珠子（清談社）

地上施設は国家的大災害の管理を担う

地上施設には有事の際に人々を守るシェルターがつくられたが、冷戦後に一部は閉鎖された。なお、シェルターは政府高官や軍事指揮官などにしか用意されていない

ディック・チェイニー元副大統領

チェイニーはアメリカ同時多発テロ事件直後、米国で初めて政府存続計画を実行したといわれている

ったという。そうした状況下でつくられたのが、マウント・ウェザー緊急事態指揮センターだ。

核戦争が起きたとき、数千人が生活できるようにとアメリカ政府は、居住区、事務所区域、地下発電所、病院、火葬場などを備えた巨大な地下都市施設をつくった。地下に都市施設をつくっておけば、万が一ソ連から核攻撃を受けたとしても政府を機能させることができる。同センターは、そうした「政府存続計画」を実現するための施設なのだ。バージニア州に建設されたのも、首都のワシントンD.C.に近かったからだといわれている。

この施設については「『戦争や災害などの有事に備える』という名目ではあるが議会制民主主義を無視している」という問題点が指摘されている。というのも、マウント・ウェザー緊急事態指揮センターは極秘裏につくられた施設であるため、議会にはいっさい情報が公開されていなかったのだ。また、各行政機関が保管している米国民の個人情報も無断で取り扱われており、「国民の人権を無視した行為だ」という批判の声もあがっている。

助かるのは政府の要人や各行政機関のトップのみ

そんな批判を受けながらも政府存続計画は進められ、大統領府は議会の承認を必要としない大統領令を行使して同センターをはじめとしたアメリカの有事体制を強化していった。加えて、有事体制下では議会を通さずに法律を制定できるほか、裁判所に代わって司法権を発動し、国民を兵役またはその他の職に強制動員できる仕組みになるという。

この一連の計画を裏で動かしている組織は「影の政府」と呼ばれ、政府もその存在を認めているという。しかし、どんな人間で構成された組織なのか、日々どんな業務を行っているかなど、詳細はいっさい明かされていない。一説にはジョージ・W・ブッシュ政権時代の副大統領であるディック・チェイニーが仕切っているという噂も。

マウント・ウェザー緊急事態指揮センターは有事でも国を通常どおり運営するための施設だといえば聞こえはいいが、この施設を使わざるをえない状況に陥ったとき、助かるのは政府の要人や各行政機関のトップと関係者のみ。一般市民はその恩恵を受けることもなく戦場へ送り込まれることになるのだ。現在、米中戦争の勃発が危惧されているが、もしもこれが現実のものとなれば、影の政府による施設の本格的な運用と、政府存続計画も進められるだろう。

CIA本部

〝最強〟諜報機関が共和党派と民主党派に分裂 心臓部で繰り広げられる仁義なき代理戦争

トランプ派CIAとバイデン派CIAの暗闘

2020年のアメリカ大統領選挙以降、トランプ、バイデン両陣営を支持する国民たちの激しい対立が続いている。その対立の最前線が、実はCIA（中央情報局）本部、通称「ラングレー」である。

CIAは世界最大かつ最強クラスの諜報機関だ。当然、一般人の本部ビル内への立ち入りは全面禁止。入館を許可される「一般人」はアメリカ市民権を持つ学術機関関係者のみ。本部ビルに常勤するのは「ホワイト」と呼ばれる約1万人の分析官で、世界各地に散らばる現地エージェント「ブラ

「ラングレー」が動いた大統領選

大統領選でQアノンは米軍派CIAの別働隊としてトランプを支援し、ナチス系CIAはバイデン勝利のために不正選挙の工作に動いた

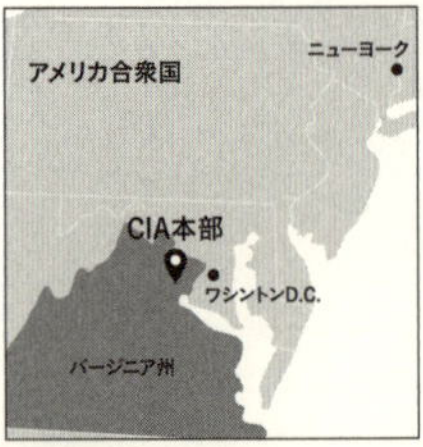

DATA **所在地**：米国・バージニア州／**設立**：1947年
職員数：約2万人

文■西本頑司

CIA本部エントランスと「ホワイト」たち
大学出身者の多いホワイトたちはCIAの表の顔。非合法活動もいとわない「ブラック」たちは、素性が表に出ることもなく、過酷な拷問や洗脳の耐久訓練が課せられる

上空から見たCIA本部
重要な資料の保管所と指令部は地下深くの秘密ルームに存在している

ック」の総数は10万人を超える。

このCIAの本拠地ラングレーのビル内で、トランプ派CIAとバイデン派CIAが激しい諜報合戦を行っているというのだ。いまのラングレーは侵入禁止どころか、危険地帯と化したエリアといっていい。

それには理由がある。もともとCIAは第二次世界大戦時の米軍情報機関「OSS（戦略事務局）」とナチスが独ソ戦のためにつくった「ゲーレン機関」が合併して誕生した経緯がある。そのため旧OSS系で、戦時に諜報活動を行う「米軍派CIA」と、平時に諸外国を中心に活動する国務省管轄の「ナチス派CIA」という2つの派閥が生まれた。その特性からナチス派CIAは海外権益の確保を図る民主党が重用。米軍派CIAは共和党という構図があった。

トランプ2期目を阻止したナチス派CIAの不正選挙工作

両派の対立が鮮明になったのは2009年に誕生したバラク・オバマ政権期。大都市富裕層を支持基盤とする民主党のオバマ政権は親中政策を打ち出し、アメリカ国内の産業空洞化が加速した。そして、国内最大の〝地場産業〟といっていい250万人に及ぶ米軍と軍需産業も大きなダメージを受ける。

オバマ政権に続き、ヒラリー・クリントンが次の大統領となり、民主党政権が2024年まで続いた場合、米軍の維持は不可能と判断した軍上層部は、アメリカファーストと国内産業立て直しを公約に掲げていたドナルド・トランプの後押しを決定、米軍派ＣＩＡを動かした。彼らの工作の一つが「Ｑアノン」によるエプスタイン事件（詳細は88ページ）の暴露だった。あの騒動は米軍派ＣＩＡによる謀略だったのだ。

大統領になったトランプは、次第に暴走。対立する民主党議員を「ディープ・ステート」「悪魔教徒」と決めつけ、社会的な抹殺を図った。そのため今度は民主党が危機感を募らせる。トランプの2期目を阻止すべく民主党は国務省を通じてナチス派ＣＩＡを動かす。

２０２０年の大統領選での不正選挙工作と大手メディアを使ったプロパガンダは、平時の諜報戦に長けたナチス派ＣＩＡの得意技といっていい。今回の大統領選では、米軍派ＣＩＡが「Ｑアノン」を使ってバイデンらのスキャンダルを暴露すれば、ナチス派ＣＩＡは票の集計をするドミニオン社などを使って不正選挙で対抗するという暗闘が繰り広げられた。

２０１5年8月、突如、六代目山口組が分裂したのもＣＩＡの内部対立が原因だったといわれ、その影響力は世界中に広がっている。

DARPA本部

米国防高等研究計画局(DARPA)は「兵器を開発しない」軍管轄の研究機関

有能な研究者と研究成果を軍事機密で囲い込む

インターネット、GPSなどを開発してきた世界最高の研究機関がアメリカ国防高等研究計画局、通称「DARPA(ダーパ)」だ。その本部は、警戒厳重な国防総省ビル「ペンタゴン」内に設置されているが、そこが「本拠地」というわけではない。

DARPAは「兵器を開発しない軍管轄の研究機関」という類を見ない特性を持つ。

DARPA開発のヒューマノイド「アトラス」

アトラスはボストン・ダイナミクス社がDARPAの支援で開発。ホンダ「ASIMO」の開発スタッフを引き抜き、日本発の技術をベースに生まれたヒューマノイド

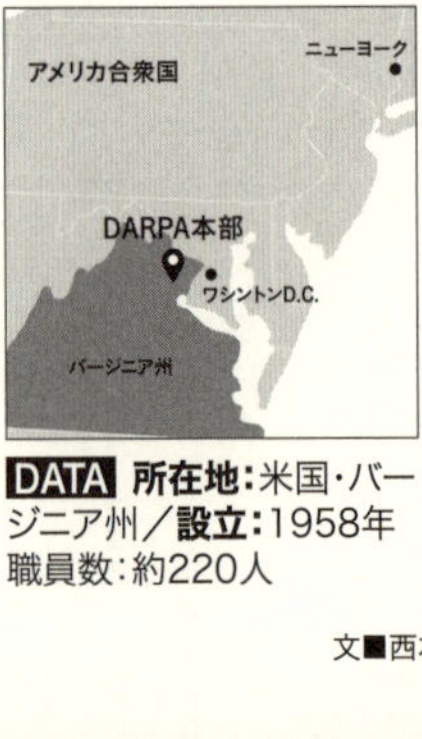

DATA **所在地：**米国・バージニア州／**設立：**1958年
職員数：約220人

文■西本頑司

ペンタゴン内にあるDARPA本部

所在が公表されているペンタゴン内に設置されたDARPA本部は「表のDARPA」。研究テーマや予算の管理が主な任務。重要な研究は「裏」の研究施設であるエリア51内で行われているという

四足歩行ロボット「LS3」

開発したボストン・ダイナミクス社は、グーグル、ソフトバンクを経て、2021年6月に韓国の現代自動車へ売却された

スタンフォード大学といったアメリカの名門大学内にテーマごとの研究室を設置、年間3000億円以上の研究予算を駆使して、本来なら民間や学術機関で研究するような幅広い分野での研究を行っている。

直接的な兵器を開発しないこともあって、ロボットや無人誘導（ドローン）の分野で1990年代まで世界をリードしてきた日本人研究者も数多く参加した。つまりDARPAは有能な研究者と研究成果を軍事機密として囲い込み、アメリカの国益に繋げるという役割を持つ。

その証拠にGAFA（グーグル、アマゾン、フェイスブック、アップル）などアメリカが誇るビッグテックの多くにはDARPAが研究開発した技術が秘密裏に提供されているといわれ、DARPAが軍事機密の形で抱え込んだ秘密パテント（特許）は「アメリカ最大の資産」と称される。

また、「ニセ科学」として糾弾された常温核融合、果てはSTAP細胞までもDARPAで研究され、すでに実用化の目処《めど》が立っているともいわれる。

「裏のDARPA」が進める研究テーマは「サイボーグ兵」

ここまでが表向きのDARPAの概要だが、実は「裏のDARPA」が存在する。

それが「エリア51」である。不用意に接近すれば問答無用で軍用ヘリの攻撃を受けるアメリカで最もセキュリティの厳しい秘密基地内にはDARPAの「研究本部」が存在するという。エリア51は一般的には最新ステルス機の開発拠点とされる一方で、実はナチス科学者の受け入れ先でもあった。そんな事情もあり、犯罪者やテロリストを被検体にした非人道的な人体実験がいまも行われているとささやかれる。

現在、ＤＡＲＰＡが最も力を入れている研究テーマが「サイボーグ兵」だ。遺伝子改造や脳に電極を埋め込むＢＭＩ（ブレイン・マシン・インターフェース）、強化義肢を駆使した人体改造兵士の開発だが、これらの研究は一般的な研究機関では限界がある。そこでＤＡＲＰＡは各大学の「きれいな」基礎研究分野で有能な研究者を選別し、エリア51に送り込むことで研究を加速させているという。

２０２０年8月、イーロン・マスクが経営するニューラリンク社は、脳に電極を直接埋め込むＢＭＩ技術が完成したと発表した。このＢＭＩ技術は車の運転だけでなく、「7Ｇ」と呼ばれる嗅覚、味覚、触覚を伝達する第7世代の通信技術にも応用できるといわれる。これらの技術はすべて「ＤＡＲＰＡエリア51秘密研究所」の研究成果だといわれている。

ＨＡＡＲＰ研究施設

地震兵器などへの軍事転用も疑われる
米軍主導の「電離・電波科学」の研究施設

東日本大震災をＨＡＡＲＰの仕業とする陰謀論も

　ＨＡＡＲＰとは「ＨｉｇｈＦｒｅｑｕｅｎｃｙＡｃｔｉｖｅ Ａｕｒｏｒａｌ Ｒｅｓｅａｒｃｈ Ｐｒｏｇｒａｍ（高周波活性オーロラ調査プログラム）」の頭文字をとったもので、米軍とアメリカの主要大学が共同で行っている研究のこと。１９９３年に研究施設の建設が開始され２００５年にほぼ完成した。米アラスカ州ガコナに設置された研究施設のアンテナ群から電波を発し、上空の電離層を調査することが主な目的とされているが、米軍が関与していることから陰謀論の世界では「気象兵器」や「地震兵器」とみなされ、２０１０年のハイチ地震や２０１１年の東日本大震災をＨＡＡＲＰの仕業と主張する者も少なくない。たとえば、元ミネソタ州知事のジェシー・ベンチュラは東日本大震災がＨＡＡＲＰによって引き起こされたと述べている。

　こうした陰謀論に対し科学者らは、巨大地震を起こすには大きな発電所で１年間発電し

DATA **所在地：**米国・アラスカ州／**設立：**1993年
職員数：約220人

文■神谷充彦

気象兵器をイメージしたHAARP

HAARPは世界最大の電離層加熱器であり、その性質から気象兵器との噂も。なお、1994年12月の初実験時には米北西部8州とカナダの一部で停電が発生しており、HAARPとの因果関係を疑う声も

広大なアンテナ群のHAARP

アラスカ州ガコナの広大な敷地内には高出力HF（高周波）送信用アンテナ48本がマス目状に整然と並んでおり、その共振作用により強力な電波を発する

たほどの莫大なエネルギー量が必要であり、それを一度に遠方へ飛ばして地震を起こすなど不可能だと反論する。

だが、閲覧可能な公式文書には、HAARPは「オーロラの電気力学的回路」に影響を及ぼせると書かれており、オーロラの中に流れている発電所100個分の電気の流れを誘導して低周波の電波を発生させることができる可能性を示唆。そして、その低周波の電波は海底や地下へ影響を及ぼせるという。それがそのまま地震兵器に繋がるかは別として、開発を進めていると疑われても仕方のない研究内容だ。

いずれにせよ、HAARPの研究が軍事利用を意識しているのは明らかで、先の公式文書には通信システムや遠隔探査システムへの干渉や人工衛星の活動、寿命への影響、赤外線探査衛星の視界の遮断などがHAARPで可能であると記されている。

一瞬で一国の軍事、経済活動を無力化

このHAARPに関してはロシアも注視しており、同国の軍事専門誌の記事によると、HAARPはプラズマの塊を打ち出すことができ、イギリスくらいの広さであればそこにプラズマを打ち込むことで、そのエリアにあるすべての電子機器を破壊できるという。

そうなると戦車や戦闘機、ミサイルなどは機能せず、ネットもテレビも通じず、クルマも列車も止まってしまうわけで、一瞬でひとつの国を軍事的にも経済的にも無力化できてしまう。これは大地震よりも怖いことかもしれない。

２０１４年、米軍は老朽化を理由にＨＡＡＲＰ施設を閉鎖。２０１５年にアラスカ大学が施設を引き継いで研究活動が続けられているという。米軍が手を引いた理由は狙ったような成果が出なかったからなのか、それとも試験的な段階が終わり実用段階に入ったからなのか、明らかにされていない。

ペンタゴン（国防総省本庁舎）

五角形をした独特のフォルムに隠された米軍総本山の絶対機密

ペンタゴン内部に存在する「イエズス会教会」エリア

世界最強を誇る米軍の本拠地、国防総省本庁舎は廊下の総延長が28キロメートル、オフィス総面積は34万平方メートルと世界最大のオフィスビルでもある。第二次世界大戦中の１９４３年に完成し、五角形をした独特のフォルムから「ペンタゴン」の愛称で呼ばれる。

事前に申請して身分証明書を提示すればガイドつきの見学ツアーも可能だったが、アメリカがテロ攻撃を受けた9・11以降、一般公開は禁止となった。

このペンタゴン最大の「侵入禁止区域」は各軍の本部や国防長官府といった軍事中枢部だけではない。一部の上層部しか立ち入りが許されない場所、それがペンタゴン内部に存在するという「イエズス会教会」エリアである。ここでは軍服ではなくキャソック（神父の立襟の祭服）を着た神父たちが、時には米軍上層部に「命令」を下すといわれている。

DATA **所在地：**米国・バージニア州／**建造：**1943年

文■西本頑司

9・11以降は一般公開は禁止に

軍人文官合わせて2万6000人が常勤する。ビルは地上5階、地下2階。9・11では民間航空機が建物の西側部分に激突し、一部が崩壊炎上した。五角形にした理由は一般には明らかにされていない

イタリアのラツィオ州にあるファルネーゼ宮殿

イエズス会を設立したイタリア北東部の支配者ファルネーゼ一族の居城。1530年、一族の教皇パウルス3世が命じて五角形の城をラツィオ州に建造した。ルネサンス様式を代表する建築物として知られる

ファルネーゼ宮殿をモチーフにしたペンタゴン

米軍とイエズス会の関係を象徴するのがペンタゴンの形状だ。この五角形のモデルとなったのがイタリアのラツィオ州にあるファルネーゼ宮殿。このファルネーゼ一族はローマ教皇パウルス3世（在位：1534年～1549年）を輩出しているが、そのパウルス3世が「イエズス会」を設立し、キリスト教による世界支配を命じたといわれている。

戦国時代、来日したフランシスコ・ザビエルなどの宣教師たちは教化による国家乗っ取りを謀《はか》るイエズス会の工作員でもあった。そのイエズス会が「キリスト教による世界支配」のための軍事力として目をつけたのが、当時、独立したばかりのアメリカだった。イエズス会は1789年にジョージタウン大学を設立。のちにアメリカの国家戦略に重要な役割を果たすCSIS（戦略国際問題研究所）を大学に設置する（1919年）。

イエズス会は米軍「乗っ取り計画」を着々と進め、前統合参謀本部議長（米軍制服組のトップ）のジョセフ・ダンフォードがジョージタウン大学出身だったように、米軍、国防総省、CIAの高官にはジョージタウン大学とCSISの出身が多く、イエズス会を生んだファルネーゼ宮殿をモチーフにしたペンタゴンを動かしてきた。米軍とは「キリスト教」の代わりに「民主主義」を掲げたイエズス会の「十字軍」であることが理解できよう。

米軍幹部たちは「どんな悪逆非道な行為」をしようとも神の名のもとに、その罪はすべて許されると考えている。米軍は神の戦士であり、米軍の戦いはすべて〝聖戦〟となる。平然と原爆を落とし、枯葉剤をばらまき、他国に言いがかりをつけて侵略してきたのも、ペンタゴン内にイエズス会教会があることを考えれば理解できる。
まさに米軍最大のタブー、絶対に知られてはならない最高機密である。

江蘇国家安全教育館

スパイの歴史とグッズを展示する記念館は外国人立ち入り禁止の〝愛国心スポット〟

展示されるのは中国共産党の〝正義の歴史〟

中国の江蘇省南京市に「スパイ記念館」と呼ばれる施設がある。広大な公園「雨花台風景区」の一角に立てられた施設「江蘇国家安全教育館」では、中国のスパイに関する〝歴史〟を展示している。しかしながら、「国家安全に関するもの」だとして外国人は入場禁止。入館して閲覧できる対象は中国人にかぎられている。

展示物は映画『００７』ばりの各種スパイグッズだ。時計に仕込んだ隠しカメラ、口紅に見える銃、見えないインクで情報を書き込める本、シリコン製の指紋フィルム、中に文書を入れられる偽コイン、果ては変装グッズのカツラまでと幅広い。同じ館内には、毛沢東時代からの英雄の写真パネルが飾られ、功績の説明文が長々と記されている。グッズも写真も、中国共産党の〝正義の歴史〟を表している。

DATA **所在地：**中国・江蘇省／**開業：**2009年

文■三井一生

江蘇国家安全教育館の正面入り口

中国共産党が海外諸国からの攻撃や破壊工作をどのように防止してきたかについての歴史を、博物館のように様々な展示物とともに紹介している

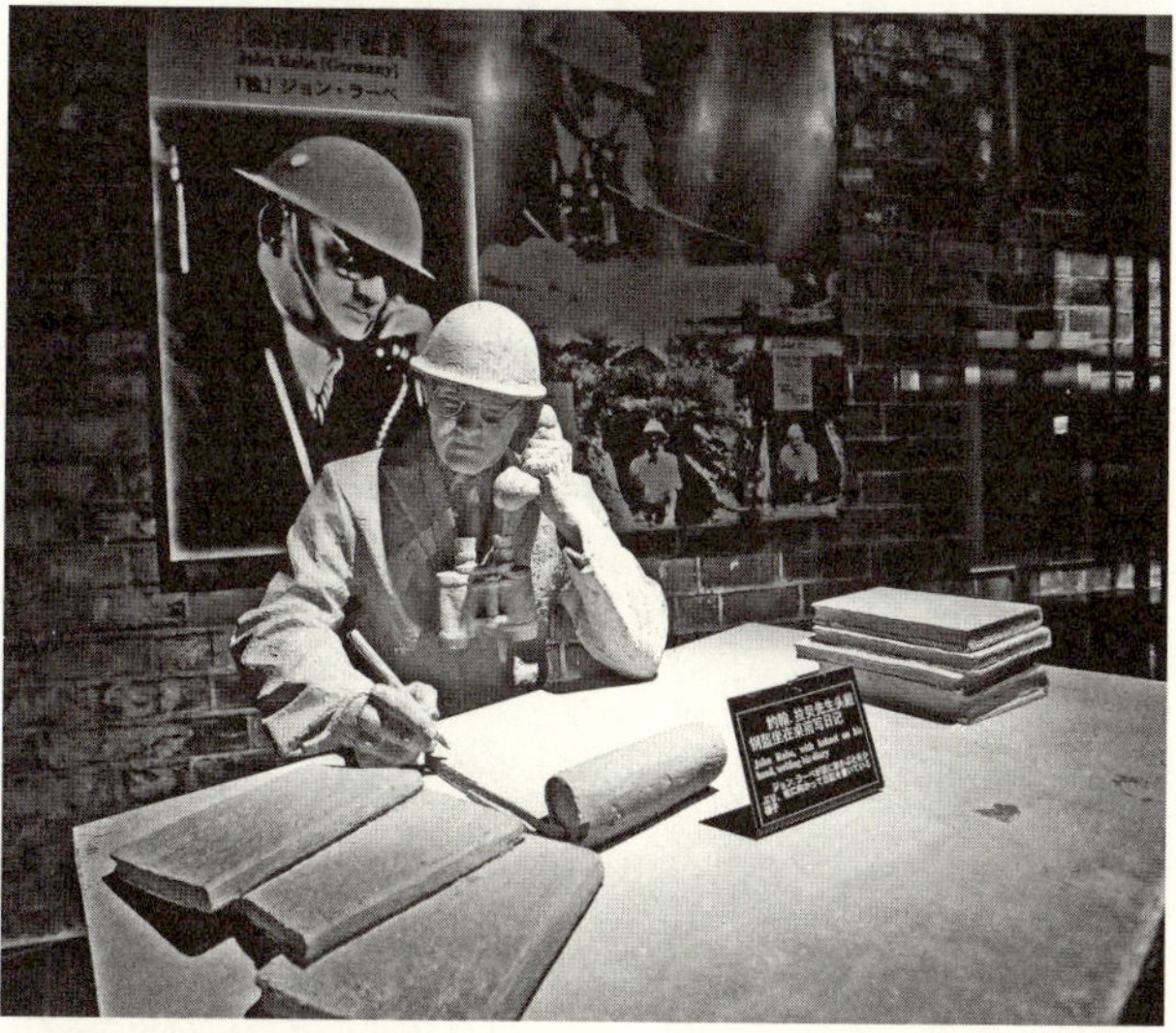

江蘇国家安全教育館の展示

開館後、途中から外国人出入り禁止に。この写真の人物は長年中国に居住したドイツ人、ジョン・ラーベ。日中戦争で中国人の保護にあたったという

2005年にドイツ紙でこの教育館の存在が報道され一時閉鎖されたが、2009年に国家安全教育館はパワーアップしてリニューアルされた。中国政府から「国家安全保障教育基地」という名の〝愛国心スポット〟に指定されたほか、2014年には「国家愛国心教育実証基地」にも指定された。つまり、この「スパイ記念館」は、子供たちにとって〝教育的である〟と国から評価されたことを意味する。

2018年には地元の小中学生が社会科見学として定期的にこの教育館を訪れていることが中国メディアによって報道された。小学生と思《おぼ》しき団体が共産軍の奮闘を表現した像の前に整然と並び、大人から説明を受けている写真も公表されている。

外国人スパイの発見を小中学生に推奨する政策

海外諸国から見ると、21世紀にしては少々レトロなスパイグッズの展示に疑問を抱くところだが、中国では国民による「スパイの発見」が重要視されている。

新型コロナ感染拡大の真っ只中だった2020年3月には、この教育館がある江蘇省で「スパイ防止安全保障に関する規則」の見直しが行われた。諸外国から中国に入り込むスパイの活動防止が狙いで、同年4月には小中学生向けの「国家安全保障教育授業」をオンライン配信で開始すると発表している。

中国に忍び込んだ外国人スパイを一般人が監視、通報するという意識を少年少女時代から植えつけているのだ。

敵国の通信を傍受する道具なども展示されている。トランプに偽装させた地図やカメラが仕込まれたメガネなども

江蘇省南京市は1927年に孫文が臨時政府を樹立した地。そのため当局主導の先進教育が行われており、スパイ防止運動もその一環

グァンタナモ湾収容所

米軍による人権無視の拷問が行われた悪名高き対テロリスト用の収容所

テロリスト容疑者を裁判なしに長期拘留

グァンタナモ湾収容所について説明する前にまず、アメリカの仮想敵国であるキューバ国内に存在するグァンタナモ米軍基地について触れておこう。

キューバ東南部にあるグァンタナモ湾地区は、19世紀末に米国の援助を受けスペインから独立した当時のキューバ政府により永久租借（国土の一部を他国が永久に借用できる）が認められ、主権はキューバにあるものの実質的な統治権は米国にある。社会主義国家の一つとして米国と対立関係にある現在のキューバ政府は返還を求めているが、米国側はそれを拒否。国内に仮想敵国の基地があるという状況に対し、キューバ側は基地周辺に地雷を埋設して対応している。

そのグァンタナモ米軍基地内にある対テロリスト用の収容所がグァンタナモ湾収容所だ。

DATA **所在地：**キューバ・グァンタナモ湾／**設立：**2002年

文■神谷充彦

収容者への深刻な人権侵害が問題に

拷問には直接的な暴力のほか、宗教的に重要なヒゲを剃る、グロテスクなポルノを見せる、言葉での罵倒、脅迫といった精神的に追い込むものも含まれていた

拷問室は非公開

非公開の拷問室は「地下牢」とも呼ばれ刑務官と軍医が常駐。マスコミに公開されている清潔な独房とは違い、至るところにぬかるみがあるような劣悪な環境の室内に、水責めなどの拷問器具や監禁用の小箱が設置されていた

ここは米軍施設内というだけでなく、周囲は海と地雷原であるため逃亡はまず不可能。しかも、米国領土でもキューバ領土でもない、「軍法」だけが適用される地域ということで、2002年以降、アフガニスタン紛争やイラク戦争で捕縛したテロリスト容疑者を裁判なしに長期拘留。約15人の子供（少年兵など）を含む約780人が収容されたという。

収容所内で行われる「尋問」という名の拷問

収容者のなかには、米軍が出す懸賞金目当てのデタラメな密告や通訳の不備により誤認逮捕された者も多く、のちに無実が証明され釈放された人々の口からは、収容所内で行われる「尋問」という名の拷問の様子が詳細に語られた。それによると、仰向けにして溺死寸前まで鼻と口に水をかける水責め、1週間以上寝かせない、全裸にして小さな箱に閉じ込める、食事を床にばらまいて食べさせる……など、人としての尊厳をとことん踏みにじる種々の拷問が行われていたという。

公開されている写真では明るい色調の清潔感ある独房や、模範囚が利用できるソファー付のメディア閲覧ルームなどを確認できるが、当然のことながらそうした拷問室は未公開となっている。

2009年に米大統領となったバラク・オバマは、グァンタナモ湾収容所内における深刻な人権侵害に対する世論の批判に応えるかたちで、1年以内に収容所を閉鎖する命令を発したが、共和党議員らの強硬な反対により閉鎖は見送られた。ただし、その任期中に1

60人以上を釈放したため、現在の収容者は40人ほどにまで減っているといわれている。結果、少年兵の収容者はいない一方で長期収容者の高齢化が進んでおり、その対応が課題となっている。

アブグレイブ刑務所の捕虜虐待

イラク戦争後、米軍が管理するイラク国内の刑務所で虐待が行われていることが2004年に発覚。男女問わずの性的虐待（強姦を含む）、連続して起こる不審死などが報じられ、7人の軍人が軍法会議で有罪判決を受けた

スネークアイランド

ブラジル軍によって立ち入り禁止になった生物兵器に転用可能な毒蛇40万匹が棲む島

毒蛇は海賊が隠した財宝の番人

　ブラジル南部沖の南大西洋に浮かぶ無人島、ケイマーダ・グランデ島は、毒蛇のパラダイスとして知られる場所だ。小さな島には実に40万匹以上の毒蛇が群れをなしており、大量のヘビが蠢《うごめ》く姿は身の毛がよだつこと請け合いである。

　何の変哲もない絶海の孤島に、なぜこれほどの毒蛇がいるのか。「ある海賊が宝を隠し、その番人として毒蛇を放った」ともいわれているが、その真偽は定かではない。

　唯一わかっていることは、この島の毒蛇が急

「スネークアイランド」こと
ケイマーダ・グランデ島

19世紀末、バナナ園の造成のために熱帯雨林を焼いたことでポルトガル語の「ケイマーダ（焼く）」と名づけられた。

DATA **所在地：**ブラジル
面積：約0.43㎢

文■西本頑司

同種食いにより強毒化した島の毒蛇

餌が少なく、ヘビしか存在しないために島内の毒蛇は年々、強毒化しているという

島特定の新種ゴールデン・ランスヘッド

南米原産のハララカが独自進化した。派手な色と見た目から「島の王」といわれる。推定4000匹が生息

激な〝進化〟の過程にあり、他の同種に比較して数倍以上に強毒化していることである。これは島における餌が海鳥しかおらず、海鳥を一撃で動けなくするほどの強力な毒を持たなければ、海に落としてしまい食べることができないためだ。ヘビが強毒化したのは確かだが、問題はどうやって毒を強めたのかにある。

それが「共食い」説である。

共食いは毒を強める作用がある

一般的にヘビは同種食いをしないが、餌のない状態では共食いが発生する。実際、中国の渤海《ぼっかい》にも「蛇島」（旅順の西10キロ）が存在する。戦前は10万匹ものマムシが生息していたと伝えられるが、戦後、島を襲った火事で生息数が激減、いまでは保護区となっている。そこでの目撃談としてマムシ同士の共食いが報告されており、この島のマムシは一般より強毒となっている。共食いは毒を強める作用があるのだ。

そこで思い出されるのが中国伝来の呪術「蠱毒《こどく》」だ。巫蠱《ふこ》ともいうが、毒を持つ蠱（蛇）を大きな釜に大量に入れて共食いをさせ、最後に生き残った強者を「呪術」に利用する。殷《いん》の時代からあったという最も古い呪術の形式の一つであり、紀元前91年の前漢時代には、当時の都・長安を大混乱に陥れた「巫蠱の乱」が起こっている。日本でも平安時代、陰陽道として伝わり、やはり多くの事件が発生し、記録に残っている。

ブラジル軍によって立ち入り禁止に

このスネークアイランドは「蠱毒の島」ではないのか……。事実、スネークアイランドには、特定の新種としてゴールデン・ランスヘッドというヘビ類最強の毒を持つ「マムシの王」が存在し、絶滅危惧種に登録されている。この島にしかいないのではなく、共食いの果てに、この島で生まれたという可能性も否定はできまい。

蠱毒となったゴールデン・ランスヘッドを「暗殺」に使えば、確実に要人暗殺ができる。そんな狙いのもと、この島に毒蛇がばらまかれていたとしたら……。ブラジル軍によって立ち入り禁止となっている理由をそう考えるのは、穿《うが》ちすぎだろうか。

ダルヴァザ・ガスクレーター

歴代独裁者に翻弄された「地獄の門」は有毒ガスが燃えさかる侵入不可能の巨大な穴

「鉄のカーテン」が開き世界に知られた惨状

延々と燃えさかる巨大な穴。それがトルクメニスタンにあるダルヴァザ・ガスクレーターだ。その異様な光景から別名「地獄の門」とも呼ばれ、いまでは観光地となっている。

もともとは1971年、ソ連（現・ロシア）による天然ガス調査で試掘していたところ、ずさんな

トルクメニスタン初代大統領 サパルムラト・ニヤゾフ

初代大統領。個人崇拝と人権弾圧によって「北朝鮮に次ぐ独裁者」と呼ばれた

二代目大統領 グルバングル・ベルディムハメドフ

穏健路線に切り替えた第二代大統領。しかし、独裁体制は維持し、強権を振るう

DATA **所在地：**トルクメニスタン／**面積：**約5350㎡ 深さ：30m

文■西本頑司

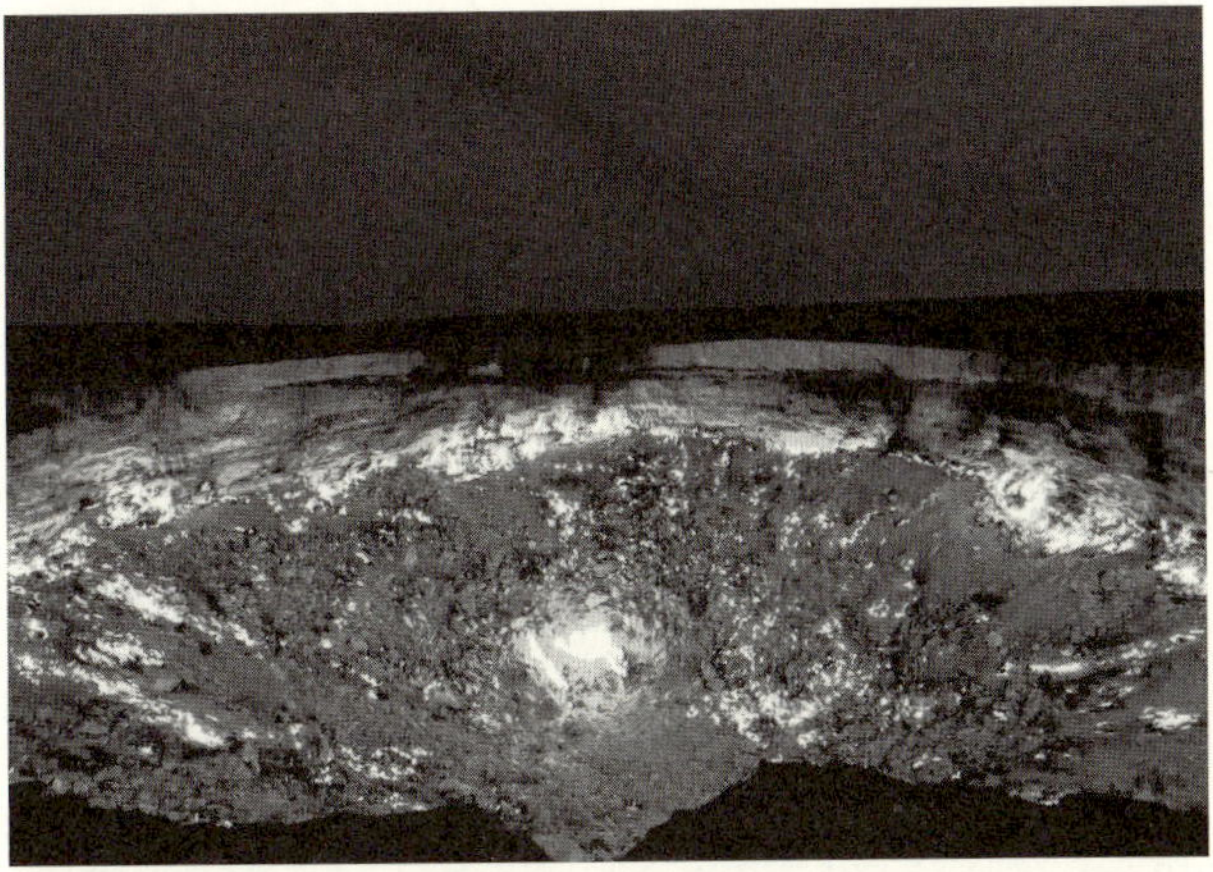

天然ガス調査のボーリング事故で空いた穴

ダルヴァザは直訳すると「関門」の意味。この近辺は天然ガスが豊富で、1971年、ボーリング調査の不手際で落盤事故が起こってできた「人工の穴」だ

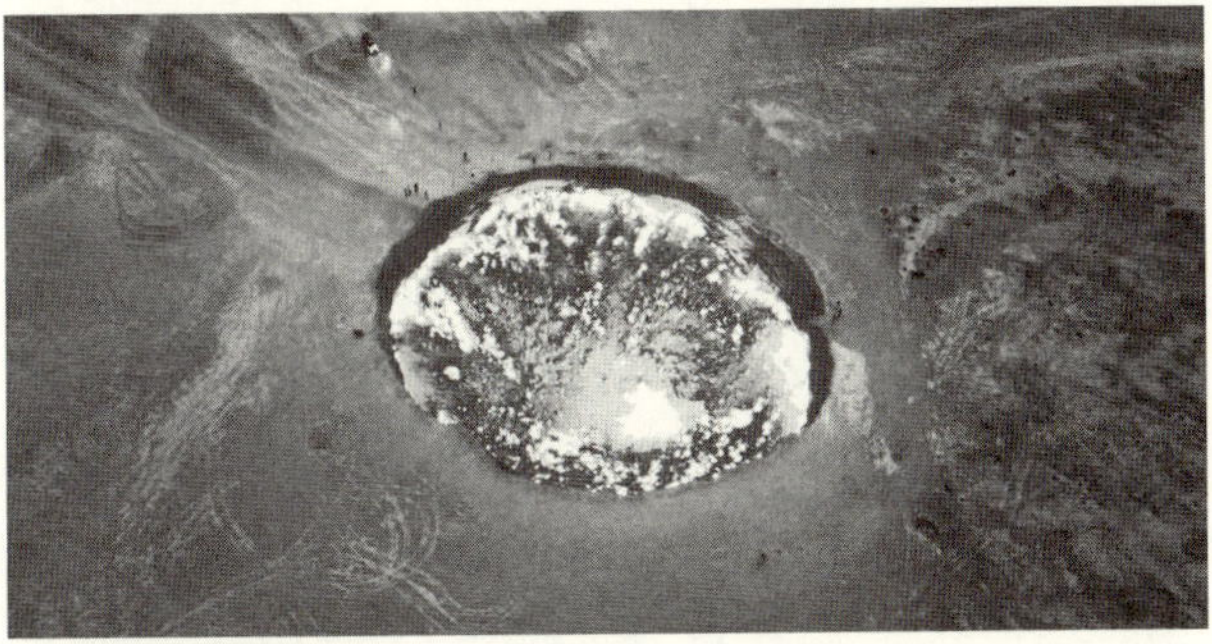

上空から見たダルヴァザ

火山の火口と違って煙もなく色味も鮮やかに燃えさかっていることがわかる。地元民が「地獄の門」と名づけたのも頷ける

管理で事故が起き、直径約90メートルに及ぶ穴を空けてしまう。その結果、その穴に向かって地下から有毒なガスが噴出。その処理には当然、穴を埋め、流出部分を塞ぐ必要があるのだが、官僚腐敗にまみれていた当時のソ連の担当者たちは「流出したガスに火をつけて燃やせば、ガスも溜まることなく簡単に処理できる」と、火をつけてしまったのだ。ダルヴァザは家庭のガスコンロと構造自体は一緒である。

ソ連崩壊によってトルクメニスタンが独立、「鉄のカーテン」が開いたことで、その存在が世界的に知られ、観光地化したわけだ。

しかし、1991年に独立したトルクメニスタンと、その国民に平和が訪れることはなかった。なぜなら次の支配者は「北朝鮮に次ぐ第2位の強圧的独裁者」だったからである。徹底的な人権弾圧で悪名を残す初代大統領サパルムラト・ニヤゾフは、ダルヴァザを見るや「薄汚い集落は観光客にとって不愉快だろう」と300人ほどが暮らす近隣の村を破壊した。続いて大統領の座に就いた、やはり独裁権力者のグルバングル・ベルディムハメドフ大統領は主力産業となった天然ガス輸出を増大させるのに躍起で、2010年、現地を視察してダルヴァザを見るや、「ガスがもったいない、穴を潰してしまえ」と命令するといった案配だ。ダルヴァザの命運と業火は、すでに尽きかけている。

炎で「地獄」を閉じ込めるダルヴァザ

考えてみれば、トルクメニスタンの歴史もまた決して幸運なものではなかった。中央アジアの交通の要衝とあってか、ササン朝ペルシャ、イスラム帝国、モンゴル帝国、さらに帝政ロシアと歴史に名だたる大帝国に占領され続けてきた。第一次世界大戦後、ロシア崩壊で独立しかけたが、今度はソ連に蹂躙《じゅうりん》され、とりわけスターリンの弾圧で多くの人間が血を流してきた。そしてソ連崩壊で独立を果たすも、いま現在はロシアと中国の勢力争いの場となっており、プーチンにつくか、習近平につくか、選択を迫られている。

そんなトルクメニスタンの大地に積み重なる不幸な歴史と流された血を、ダルヴァザはその炎を燃やし続けることで浄化している気がしてならない。この地に不幸が訪れないよう、むしろ、その炎で「地獄」を閉じ込めているかのようだ。ならば、その浄化の火を消せば「地獄の門」が再び開き、ロシアか中国に蹂躙されることになる運命なのかもしれない。

スルツェイ島

火山噴火で生まれた「最良の自然教材」手つかずの島に向けられる政府の欲望

DATA **所在地**：アイスランド／**面積**：約2.8㎢／**形成**：1963年

東京ドーム700個分の広さ

「最良の自然教材」――。そう呼ばれているのが世界自然遺産であるアイスランドの無人島「スルツェイ島」である。

1963年、海底火山の噴火によって出現し、東京ドーム換算でいえば700個分（3370ヘクタール）の広さを持つに至り、世界で最も有名な海底火山島となった。1973年、同じく海底火山の噴火で島となった日本の西之島では現在も活発な火山噴火活動が続いているのに対し、スルツェイの火山活動は安定期に入ったことで島内に豊かな自然環境が整っていくことになった。

北海は豊かな漁場であり、新しい島の岩礁に根づいた魚を目当てに海鳥たちが島へと渡ってくる。スルツェイ島では、そのフンに混じった各地の植物が芽吹き出し、1970年頃には一部の海鳥たちが留鳥《りゅうちょう》となって棲み着いた。80年代になるとアザラシの繁殖地とな

文■西本頑司

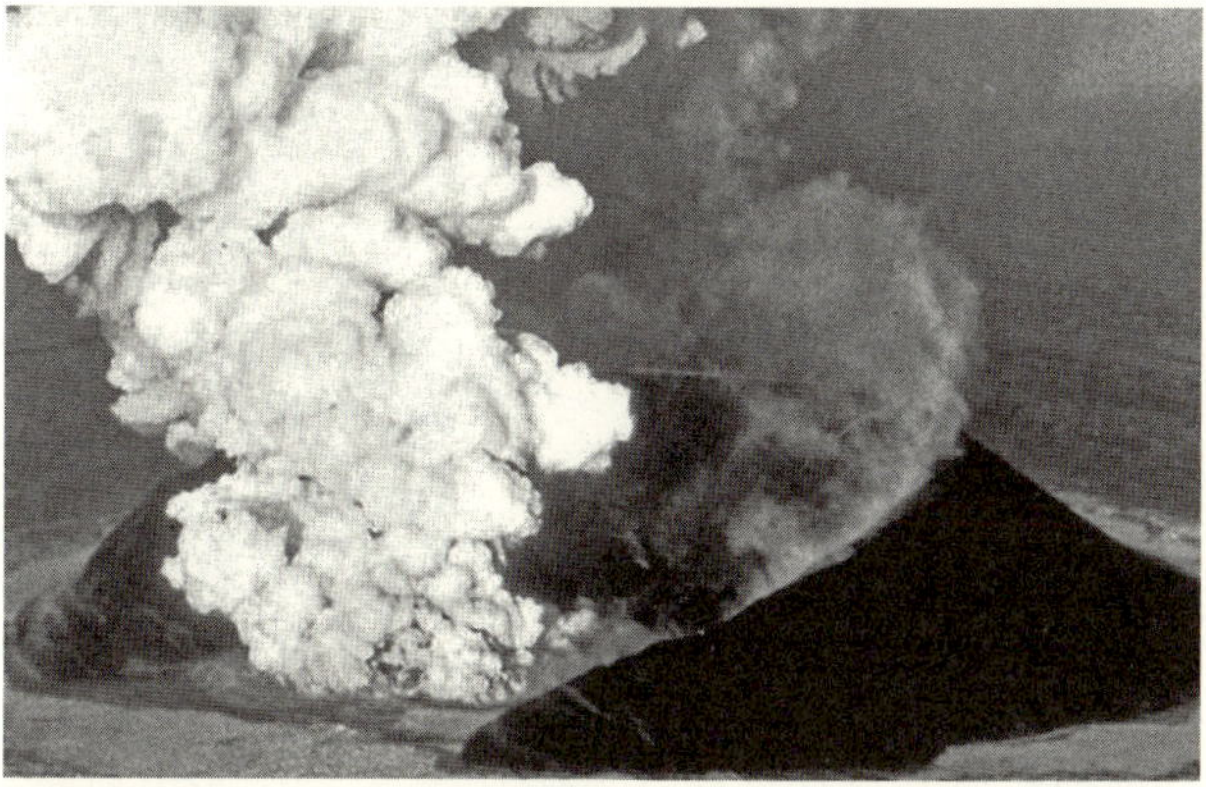

噴煙を上げるスルツェイ島（1963年）

アイスランドは、マグマ溜まりが吹き上げる世界屈指のホットスポット。高温のマグマが海水に触れるマグマ水蒸気爆発で島が誕生した

手つかずの自然環境の無人島

東京ドーム700個分の広さまで拡大したのち、火山活動は安定期に入り、一部では低地灌木も生い茂るようになった

り、大量のアザラシのフンが土壌をつくり出し、1998年には低地樹木まで生い茂るようになった。

そこでアイスランド政府は島内への立ち入りを禁止する判断を下す。結果、ゼロからの環境変化の様子は、科学者と映像作家によって観測と記録がなされ、貴重な映像資料となった。スルツェイが「最良の自然教材」と呼ばれるのも頷《うなず》けよう。

島はサーバーの集積地や漁場基地、軍事施設に最適

一方、スルツェイは〝宝の島〟として一部の人間たちの欲望を常に刺激する。島によってアイスランドの領土、領海、EEZ（排他的経済水域）が拡大しただけでは満足できず、「リゾート開発」を求める声が広がっていった。また火山島ゆえに地熱発電に最適で、その豊富な地熱を使って大量の電力を必要とするアルミ精錬やサーバーの集積地としても目をつけられている。さらに漁場基地や軍事施設にも最適とされる。

自然教材として守り続けていくのか、それとも欲に目がくらんで開発してしまうのか。スルツェイは、北欧神話の「スルト」から名づけられた。スルトは「神々の黄昏《たそがれ》」ラグナレクのとき、アースガルズ（アース神族の王国）を焼き滅ぼす巨人の名前である。少なくともアイスランド政府は、この地を破滅させるような愚かな選択をしないよう、怒れる巨人の名をつけたのだろう。この素晴らしい「神々の箱庭」は、このまま見守るべきなのだ。

北欧神話の巨人「スルト」

スルトは「黒い者」を意味し、炎の大剣を振りかざして世界を焼き尽くす巨人とされる

ヒトラーの地下壕

ネオナチの聖地にならないためにドイツが存在を秘匿し続けたナチス総統の自殺現場

地下壕の一室で自殺した〝新婚〟のヒトラー夫妻

ドイツの歴史を語るうえで避けられない歴史的スポットでありながら、立ち入りはおろか、近年まで案内板すら存在しなかった場所がある。それはナチス・ドイツの指導者、アドルフ・ヒトラーが最期を迎えた「総統地下壕」だ。

総統地下壕は、ドイツのベルリンにあった総統

総統官邸の庭にある地下壕への入口（左）

ヒトラーとエヴァの遺体は、地下壕入口のそばにあった砲弾孔で火葬され、その後、占領したソ連軍によって運び出された

ヒトラーとエヴァ・ブラウン

エヴァの存在は国民には極秘にされていた。総統地下壕で結婚式を挙げた2人は、それから40時間以内にともに命を絶った

DATA **所在地：**ドイツ・ベルリン／**完成：**1944年

文■佐藤勇馬

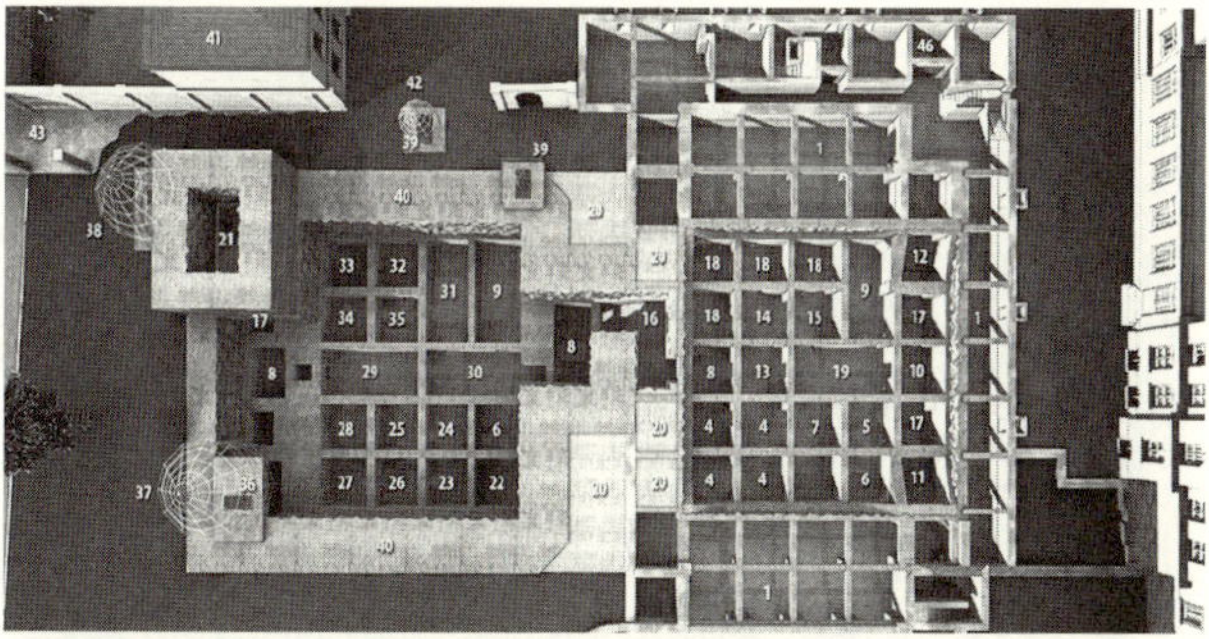

地下壕見取り図　右が地下1階で左が地下2階

ヒトラーは主に地下2階に滞在した。26がヒトラーの私室。29は会議室で19は食堂。15はゲッベルス一家の住居

再現された総統の書斎

現在は博物館として使われている防空施設の地下の一角に再現されている。壁には、ヒトラーが崇拝していたといわれるフリードリヒ大王の肖像画が掛けられている

官邸の地下にヒトラーに愛された建築家、アルベルト・シュペーアの手によってつくられた。当初は空襲から身を守るための単なる地下壕だったが、戦況が悪化するにつれて拡張されるなどし、司令部としての役割も果たすようになった。

上下2階と大きく2つのブロックに分けられており、ヒトラーは主に下の階に身を潜めていたとされる。個人秘書のアルベルト・ボルマンや宣伝相のヨーゼフ・ゲッベルスら側近の部屋もあり、ヒトラーの愛人だったエヴァ・ブラウンも官邸から地下壕へ避難している。

1945年4月20日、ヒトラーは総統地下壕で56歳の誕生日を迎えた。その5日後にベルリンはソ連軍によって完全包囲され、ヒトラーは4月29日に口述した遺言書を書きとらせ、エヴァと結婚式をあげた。翌日、ヒトラー夫妻は地下壕の一室で自殺し、2人の遺体は官邸の中庭で火葬されている。

あまりに頑丈だったため完全な破壊は不可能

ヒトラー最期の地であり、ナチス・ドイツの終焉の地でもある総統地下壕。歴史的な価値においては誰もが認めるところだろうが、戦後はネオナチの聖地となることなどを懸念して破壊が試みられた。だが、あまりに頑丈だったために完全に破壊することはできず、ドイツ政府は存在を封印することで人々の記憶から消し去ろうとした。しかし、近年になって存在を無視するべきではないとの論調が高まり、2006年に駐車場などになっていた現地に案内板が設置された。

案内板には、主要な部屋やヒトラーが命を絶ったとされる部屋の位置なども記されており、当時の状況に思いを馳せることができる。

だが、実際の総統地下壕へ入ることはできず、どの程度が破壊を免れて残っているのかすら不明。今後、発掘調査などが実施されたうえで、悲劇を伝える資料として一般公開される可能性もないとはいい切れないが、歴史的な背景を考えると難しいとみられている。

ヒトラーが夢見た「千年王国」の中枢となるはずだった総統地下壕は、いまもベルリンの地下でひっそりと眠っている。

地下壕跡地の現在

何の変哲もない駐車場となっており、案内板だけが総統地下壕の跡地であることを示している

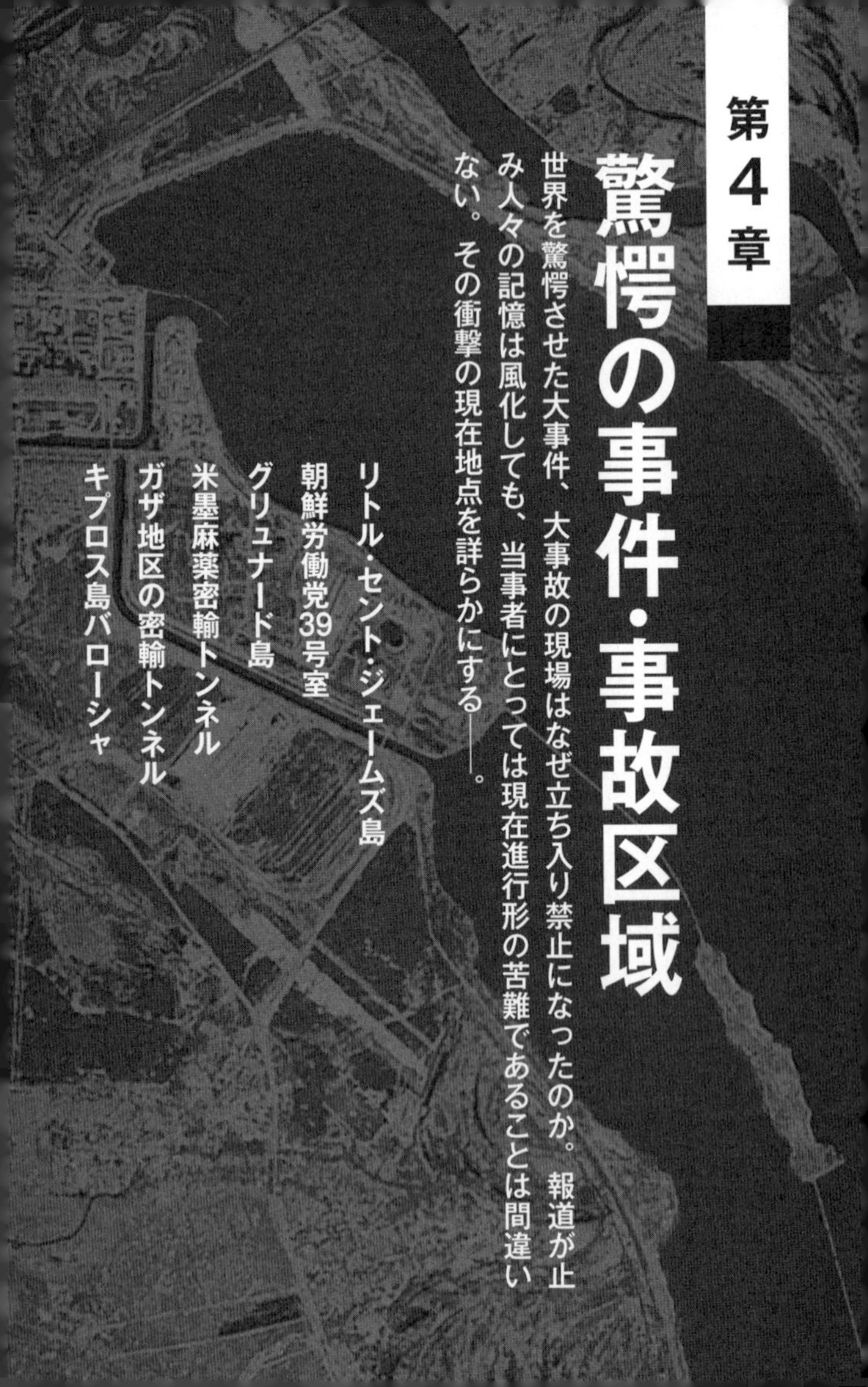

第4章 驚愕の事件・事故区域

世界を驚愕させた大事件、大事故の現場はなぜ立ち入り禁止になったのか。報道が止み人々の記憶は風化しても、当事者にとっては現在進行形の苦難であることは間違いない。その衝撃の現在地点を詳らかにする――。

リトル・セント・ジェームズ島
朝鮮労働党39号室
グリュナード島
米墨麻薬密輸トンネル
ガザ地区の密輸トンネル
キプロス島バローシャ

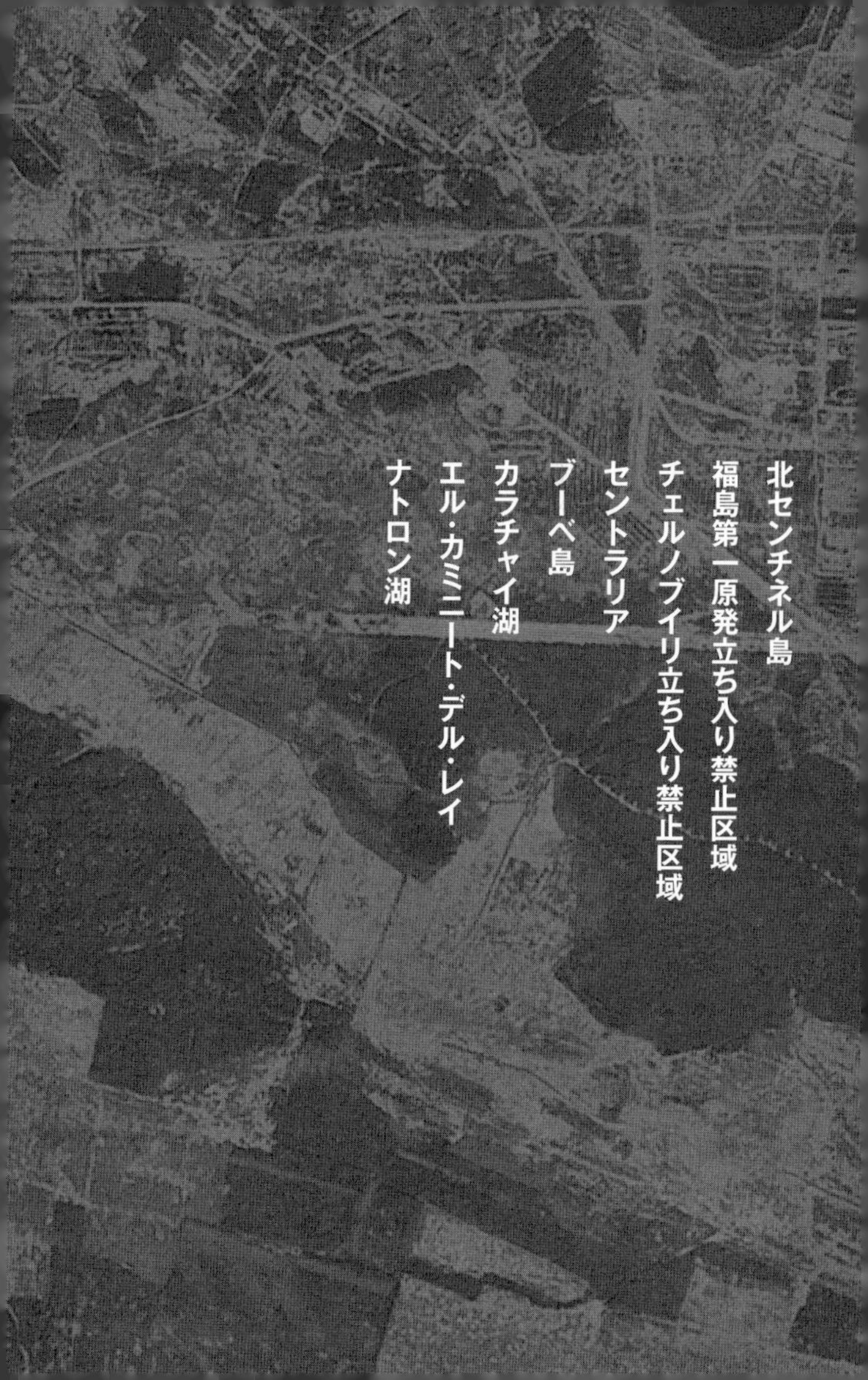

北センチネル島
福島第一原発立ち入り禁止区域
チェルノブイリ立ち入り禁止区域
セントラリア
ブーベ島
カラチャイ湖
エル・カミニート・デル・レイ
ナトロン湖

リトル・セント・ジェームズ島

「エプスタイン事件」の舞台となり大物セレブたちが集《つど》った「児童性愛の島」

DATA **所在地：**米国領・ヴァージン諸島／**面積：**0.28～0.32㎢

ユダヤ人投資家エプスタインが大物セレブたちを島に招待

今回の米大統領選の大混乱からもわかるように、現在のアメリカは真っ二つに分断されている。その分断の原点ともいえるのがカリブ海の美しい小島「リトル・セント・ジェームズ島」だ。〝児童性愛の島〟という悪名で呼ばれることも多い。

この島が話題になり出したのは2000年前後。ユ

拘留中に不審死を遂げたエプスタイン

島に連れてこられた少女たち

アメリカでは年間40万人の行方不明者が出る。この島へ連れてこられた児童の数は少なくなく、事件発覚後も生死不明のままの者も多いというが……

文■西本頑司

プライベートアイランドとしてリゾート開発されたリトル・セント・ジェームス島。グーグルアースで見ると島内にあったとされる拷問施設らしき建物が、なぜか「テニスコート」に擬装されていたことも

捜査で上陸したFBI
2019年、小児性愛による再逮捕でFBI捜査官が島を家宅捜索。多くのおぞましい証拠資料を押収した

ダヤ人投資家だったジェフリー・エプスタインがこの島を買い取り、プライベートアイランドにして以降、誰もが知る大物セレブたちが頻繁に訪れるようになったからである。エプスタインは投資家として「1200億円相当」の資産をつくったが、詐欺や恐喝まがいの悪辣《あくらつ》な手段を使うことから投資業界での評判は決してよくなかった。醜聞を気にする大物セレブたちと付き合えるタイプではないのだ。

にもかかわらず大統領職にあったビル・クリントンを筆頭に、経営者時代のドナルド・トランプ、イギリス王室のアンドリュー王子、他にもルパート・マードック、マイケル・ブルームバーグ、マイケル・ジャクソン、名門であるケネディ家、ロックフェラー家、ロスチャイルド家の人々、さらには英首相トニー・ブレア、サウジアラビアの王太子ムハンマド・ビン・サルマーンなど錚々《そうそう》たる面々が、エプスタインのプライベートジェット機に乗り込み、この島を訪れていた。

そのため「島には何か秘密がある」と噂になり、そのひとつが「小児性愛疑惑」だった。2006年、エプスタイン自身が児童買春の容疑で告訴され、2008年には実刑判決（禁固18カ月）を受けたこともあり、ほぼ「間違いない」とささやかれるようになった。

著名人、有力者たちの「乱交」の証拠を押収

この時、バラク・オバマ政権はエプスタインと司法取引を行い、島内での著名人、有力者たちの「乱交」の証拠を押収し、隠蔽したといわれ、いったん噂は鎮静化する。ところ

がドナルド・トランプとヒラリー・クリントンが激突した2016年の米大統領選挙中に、何者かがハッキングでウィキリークスに流出した島内での証拠映像を「発掘」。選挙戦終盤にネットで公開した結果、トランプ大逆転劇をアシスト。これによりクリントン夫妻はリトル・セント・ジェームズ島の常連と印象づけられた。

証拠映像の中には拉致誘拐した児童たちを拷問で虐殺し、その生き血をすするといったものまであるとされ、アメリカ政界の上層部、セレブ層、とりわけ民主党大物議員たちは「悪魔教徒」ではないかと保守層から嫌悪されるようになった。

この「エプスタイン事件」は、2020年5月にネットフリックスのドキュメンタリー番組『ジェフリー・エプスタイン　権力と背徳の億万長者』（全4回）として取り上げられ世界192カ国に配信された。大統領戦後もトランプ陣営が負けを認めないのは、エプスタイン事件を論拠に、民主党陣営を「悪魔教徒」と考えているからといっていい。

2020年1月、島を管轄する米領ヴァージン諸島政府が「諸島の風評を害した」として日本円にして約6兆円の損害賠償をエプスタイン不動産に対して行い、エプスタインの財産をすべて差し押さえた。それ以降、リトル・セント・ジェームズ島への立ち入りは禁止となり、数々の拷問、乱交疑惑のあった施設は廃墟となりつつあるという。

朝鮮労働党39号室

数兆円規模の非合法ビジネスを行う
金王朝存続のための「国営マフィア」の拠点

覚せい剤、武器密輸、マネロン、偽ドル札、要人拉致誘拐……

2020年4月、米大手メディアCNNは金正恩《キムジョンウン》の再起不能と実妹・金与正《キムヨジョン》の後継者就任を報じ、世界中に衝撃を与えた。しかし、金与正が本当の後継者になるには平壌の何の変哲もない官庁ビルの一室を、掌握できるかどうかにかかっている。

朝鮮労働党ビル3号庁

39号室が入る朝鮮労働党ビル

数千人が働く朝鮮労働党ビル3号庁舎は、外国人向けの両替所が設置されるなど北朝鮮の外資獲得事業のすべてを担っているとされる

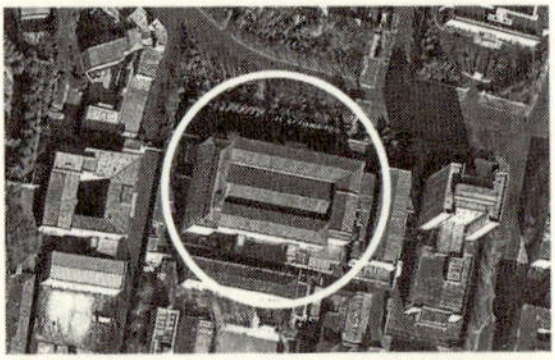

39号室があるとされる3号庁舎

「39号室」があるのは3号庁舎の地下とされる。金正恩のいる北朝鮮政庁とは地下通路で行き来できるようになっている

DATA **所在地：**北朝鮮・平壌／**設立：**1974年

文■西本頑司

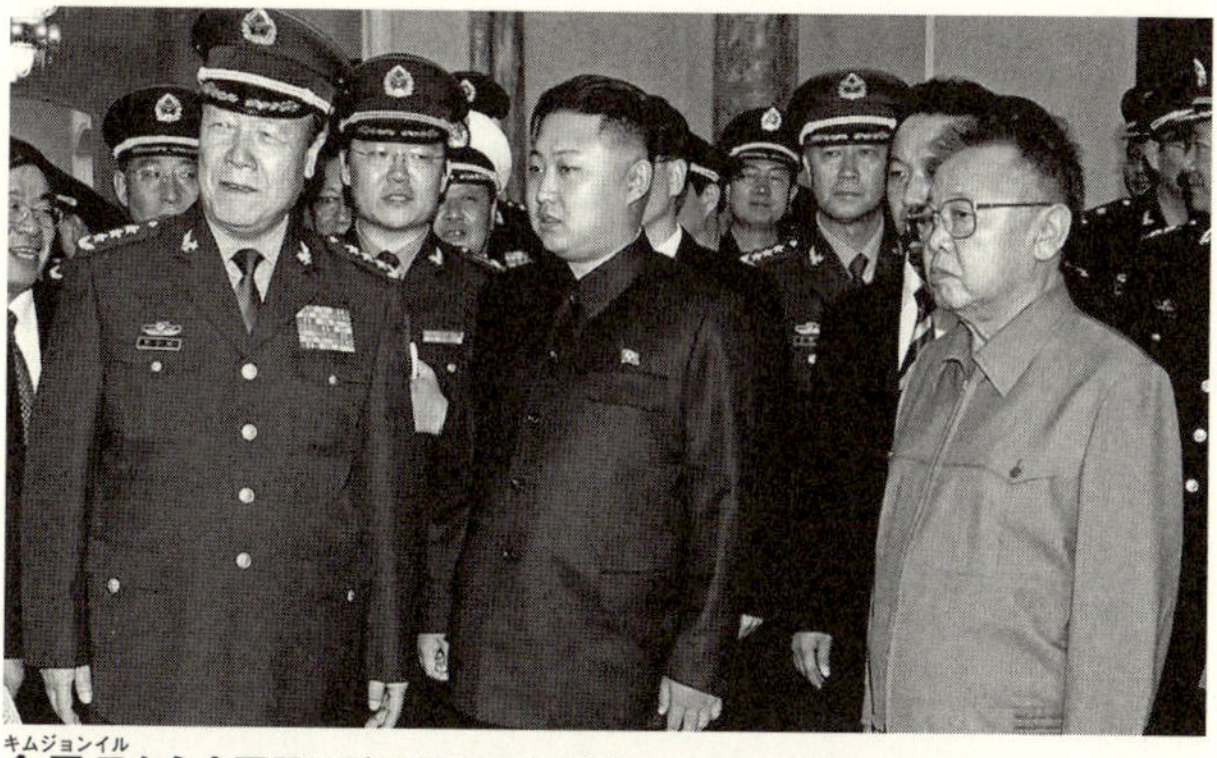

金正日《キムジョンイル》から金正恩に受け継がれた国営マフィアの「ドン」の座

国営マフィアを作り出した手腕からも、その見た目とは裏腹に非常に有能だった二代目の金正日。息子にはその才能が受け継がれなかった

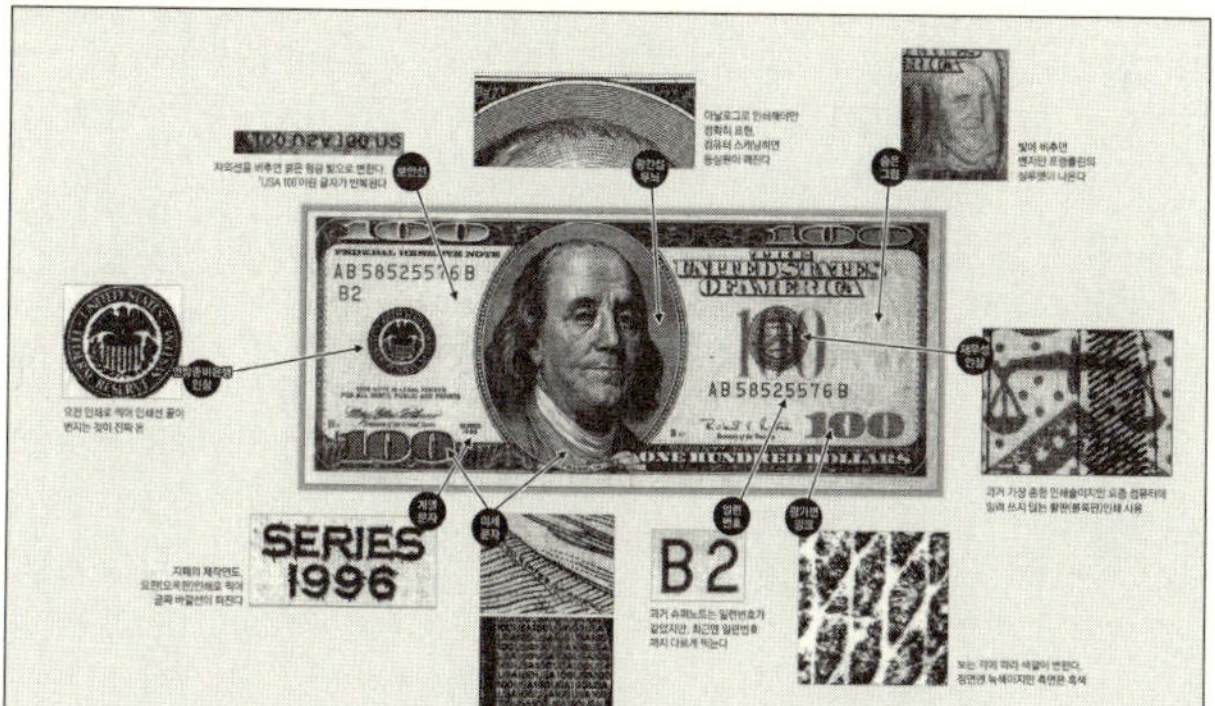

偽100ドル札の「スーパーK」

１９８０年代から世界中に流通、北朝鮮で製造された偽１００ドル札。日本の精密印刷機器が使用された疑いがあり、精巧なつくりだった

舎9号室、通称「39号室」である。数千人が働く3号庁舎の指令室が9号室。この部屋の主になる者こそ実質的な北朝鮮の「支配者」といわれている。

この部屋の存在が明るみになったのは金日成の死去から金正日への権力委譲期の1990年代半ば。300万人が餓死し、脱北者が急増した時期のこと。脱北者のなかには元39号室関係者も含まれており、その証言によって39号室の実態が判明する。

もともと3号庁舎は鉱物資源、労働者派遣、観光業、松茸や朝鮮人参の輸出などの「合法的」なビジネスを管理する北の経済部門と知られていた。ところが39号室では、これに加えて覚せい剤や武器の密輸、マネーロンダリングや不正送金、「スーパーK」と呼ばれる偽100ドル札の製造、要人の拉致誘拐など、ありとあらゆる「非合法ビジネス」を行っていたというのだ。3号庁舎の合法ビジネスの売上げが30億ドル（3000億円）なのに対し、39号室の非合法ビジネスは、10倍規模の数兆円に達するという。

要するに朝鮮労働党39号室とは「国営マフィア」の拠点である。金正男《キムジョンナム》が管轄していたという合法組織「大聖グループ」はフロント企業にすぎず、これを隠れ蓑にして海外に金融口座と支社などの拠点をつくり、非合法ビジネスで入手したドルや円をそこに蓄えているという。

二代目の国営マフィアの「ドン」となった金正恩

この国営マフィア組織をつくったのが30歳当時の金正日。1974年、彼が後継者に選ばれたのは、その功績によるところが大きいという。90年代半ば、金日成の霊廟建設に1000億円を注ぎ込んだことで、300万人の餓死者を出しながらも権力を掌握できたのは、「39号室」の存在だった。労働党幹部に海外の嗜好品をばらまき、軍部には核開発に必要な情報や物資を調達して沈黙させた。

2011年の金正日死後、金正男とナンバー2だった張成沢《チョンソンタク》は39号室の「合法化」を図るが、同室の非合法部門が反発して金正恩を担ぎ出し、合法派を「粛正」。金正恩は二代目の国営マフィアの「ドン」に就任した。

現在、北朝鮮は核開発によって国際的な経済制裁を受けているが、その内容は国際犯罪組織に対する制裁と同じ。国家そのものがマフィア化しているといえる。

制裁によって弱体化した39号室は2020年12月、米英韓の製薬会社6社のデータをハッキングし、新型コロナワクチンの情報を不正入手しようとして失敗している。

世界最大かつ最悪の国営マフィアの拠点「39号室」。そこには日本人拉致を含めて、あらゆる北の犯罪行為の証拠が隠されているはずだ。いざというときのための自爆装置も設置されているというから、マンガに出てくる「悪のアジト」そのものである。

グリュナード島

炭疽菌爆弾の投下実験が繰り返され上陸には命の危険も伴う汚染の島

イギリス軍によって買い取られた無人島

スコットランドの西部近海に位置する「グリュナード島」。全長約2キロ、幅1キロという小島だが、かつてこの地は生物兵器・炭疽菌の実験場として利用されていた。そのため島全体が炭疽菌に汚染されており、現在でも上陸には命の危険が伴う〝最悪

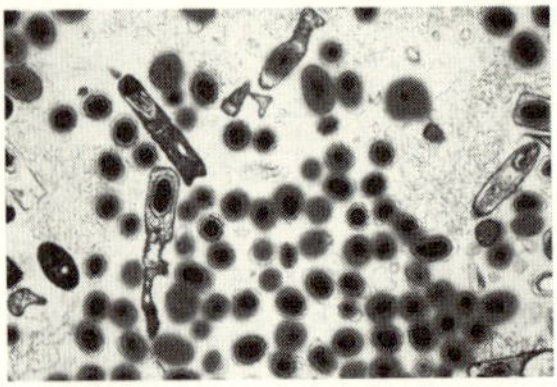

炭疽菌

炭疽菌は生物兵器に転用しやすく、1000以上もの種類があることで知られる。グリュナード島に散布されたのは「ボラム」という殺傷力が高いものだった

スコットランド近海にあるグリュナード島

16世紀半ばのグリュナード島は、木々が生い茂る森林地帯だったという。現在の荒れ果てた様子からは想像もできない

DATA **所在地：**イギリス・スコットランド／**面積：**196ha

文■山田剛志（清談社）

イギリス政府が上陸厳禁に

実験が行われた当時の技術では、炭疽菌を完璧に除染するのは不可能だった。そのため、40年以上もの間、イギリス政府は島を上陸禁止区域として厳しく管理した

汚染状況を調べるため島に放たれた羊

イギリス軍は炭疽菌の威力を確かめるためにグリュナード島に多くの羊を放牧し、そこに炭疽菌爆弾を投下した。その結果、羊は感染を起こし全滅した

の島〟として世界的に知られている。

19世紀後半には数名の居住者がいたというが、1920年代以降は人影が消え、動植物の楽園として時を刻んでいた。しかし、1939年に第二次世界大戦が勃発すると状況が一変する。世界各国が競うように生物兵器の開発を進めるなか、グリュナード島はイギリス軍によって買い取られ、炭疽菌爆弾の投下実験が繰り返された。

殺傷力も高く、培養も比較的容易なため、生物兵器として重用される炭疽菌。オウム真理教が首都圏への散布を計画していたことでも知られる。アメリカでは20年ほど前に、複数の場所に炭疽菌入りの郵便物が送付され、20名以上もの死傷者を出す悲惨な事件が起きている。ちなみにアメリカ疾病予防管理センターでは炭疽菌を〝最も危険度の高い細菌〟として、ペスト菌やエボラウイルスなどの病原菌と同レベルに位置づけており、その危険度は推して知るべしだ。

炭疽菌汚染で死に絶えた島内に生息していた動物

そんな危険な細菌をナチスが支配するドイツの街に散布する計画を立てていたイギリス軍は、1942年にそのシミュレーションとしてグリュナード島で炭疽菌を散布するが、その時重大な事実が発覚する。

当初は除染作業によって汚染を容易に解消できると考えられていたが、炭疽菌は芽胞として残存し続け、完全な除去は当時の技術では困難であることが判明したのだ。結果、島内に生息していた動物は死に絶え、その後数十年間、グリュナード島の炭疽菌汚染は消えることなく、島は〝アンタッチャブルな土地〟となった。

炭疽菌に汚染されたまま放置されていたグリュナード島だったが、実験開始から40年以上たった１９８６年から１９８７年にかけて、島全体をホルマリンで消毒する処置がとられることになる。これが奏功し、１９９０年には当時のイギリス国防次官が島を訪れ安全宣言を発表。公式的には立ち入り禁止スポットではなくなったが、除去し切れなかった炭疽菌が残存しているという噂はあとを絶たず、現在でも足を踏み入れる者はほとんどいない。

米墨麻薬密輸トンネル

死者4万人を出したメキシコ麻薬戦争の元凶ともされる米墨国境地帯の地下通路

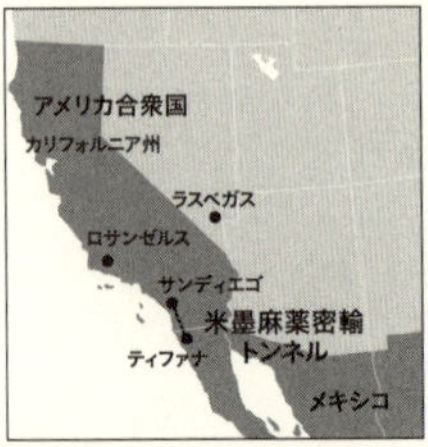

DATA **所在地：**米国・サンディエゴ〜メキシコ・ティファナ間／**長さ：**1313m(2020年発見の最長トンネル)

米で流通するコカインの9割はメキシコを経由

麻薬の主要生産国であるメキシコは、地理的にアメリカへの麻薬密売の中継地としても大きな役割を果たしてきた。

1982年、レーガン米大統領の麻薬討伐作戦によるカリブ海地域の取り締まり強化を受け、コロンビア産のコカインはメキシコ経由でアメリカに密輸されることになる。現在では、アメリカに密輸される麻薬の大半が「米墨国境ルート」を用いたものであり、アメリカで流通するコカインの9割はメキシコを経由するといわれている。

「米墨国境ルート」は地上だけとはかぎらない。取り締まりをかいくぐるために、米墨国境の地下には全長3141キロメートルにおよぶ〝麻薬密輸トンネル〟が張りめぐらされている。DEA（米麻薬取締局）の調査によると、メキシコからアメリカに向けて掘られたトンネルは、1990年から2016年3月までに計224本が見つかっている。

文■五木源（清談社）

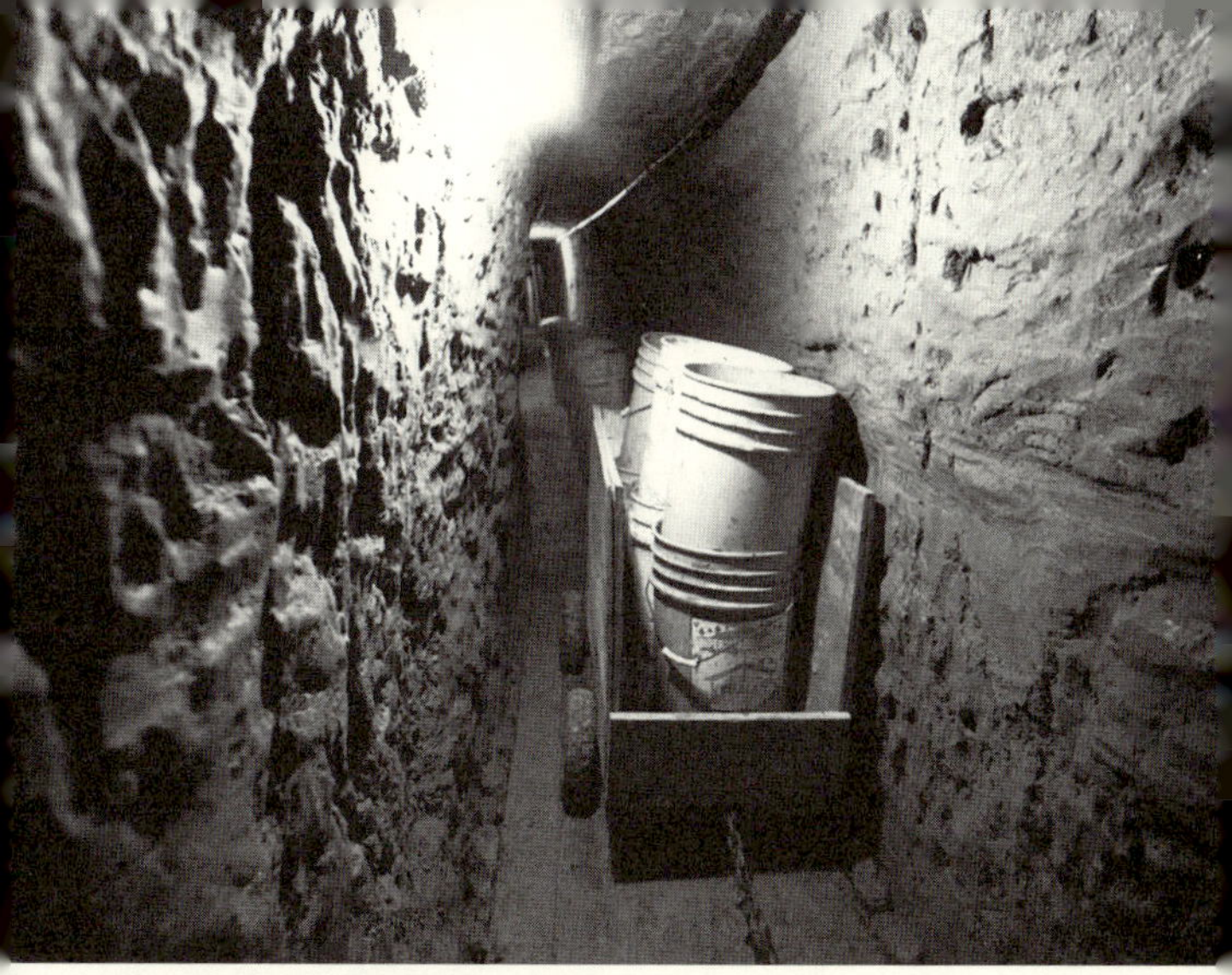

カート用の軌道も備えた地下トンネル

2015年にメキシコ軍が発見した麻薬トンネル(ティファナ)。コンテナが運べるカートの設置などトンネルの改良で密売が容易になっていったという

メキシコ最北端のティファナで発見されたトンネルの入り口

2011年に発見されたこのトンネルは、国境を越えた米サンディエゴまで600メートルの長さがあった

換気、電気、排水設備にエレベーターも設置

米アリゾナ州とメキシコ・ソノラ州にまたがる国境の街ノガレスでは、民家のタンスなどから下水道に繋がるトンネルがいくつも発見された。あまり想像したくないものだが、梱包されたコカインが排泄物の波に乗ってアメリカ側へと運ばれていくというわけだ。

さらに、米税関・国境警備局は2020年1月30日までに、薬物密輸用のトンネルとしては最長とみられる全長約1313メートルのトンネルを発見したと発表。地下21メートルに掘られたトンネルは、メキシコ北部の工業地帯ティファナから米カリフォルニア州のサンディエゴ地区の倉庫にまで延び、トンネル内の高さは約165センチ、幅は約61センチ。換気装置、電気供給設備、排水路やカート用の軌道も備え、両国の出入り口にはエレベーターも設けられていたという。

また、同じくメキシコ・ティファナから米カリフォルニア州オタイメサの倉庫へと延びるトンネルでは、約1995キロの薬物が押収されている。コカイン、メタンフェタミン、ヘロイン、マリファナなどで、末端価格で2960万ドルに相当する量だった。

麻薬密輸で得た資金を投資し、密輸用のトンネルを開拓。そしてまた新たなルートで麻薬密輸に手を染めていく……。4万人もの死者を出したメキシコ麻薬戦争の裏では、このような〝穴掘り合戦〟が繰り広げられていたのだ。

民家のタンス内でトンネルが発見されることもある
2015年、メキシコ・ティファナのタンスの中で工事中のトンネルの入り口を確認する警察官

ガザ地区の密輸トンネル

パレスチナ人の命を繋ぐ物資トンネルが武器・麻薬の密輸、密入国と無法地帯化

パレスチナ人の秘密裏のインフラとして機能

パレスチナ自治区ガザ、イスラエルとの国境の街ラファの地下には、大規模なトンネルがある。縦横無尽に張りめぐらされたこの坑道は、イスラエル軍の監視下にあるパレスチナ人の秘密裏のインフラとして機能しており、２０１０年時点で１０００本以上のトンネルが確認されている。なかには、緊迫した関係の隣国のエジプトやイスラエルにまで繋がるものまで存在する。深さは地上から3～20メートル、幅は大部分が大人の肩幅程度しかなく、すれ違うのもひと苦労だという。出入り口はイスラエル軍に発見されないよう人目につかない場所にあり、オリーブの木で覆い

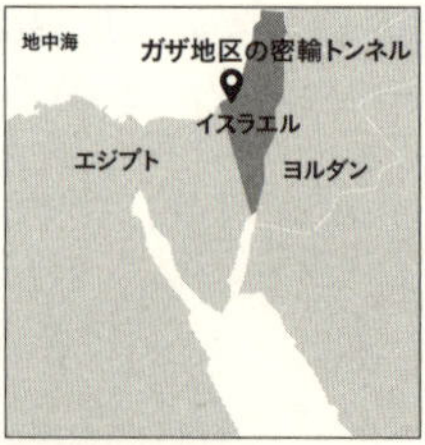

DATA **所在地：**パレスチナ・ガザ地区／**建造：**1982年（イスラエルによる初確認）

エジプト軍によるトンネル空爆

トンネルはパレスチナの危険因子として度々爆撃されている。多くの住民が地下に生き埋めにされた

文■霧島カヴ（清談社）

施設当初の目的は生活物資の運搬だったが……
トンネル密輸はパレスチナのイスラム原理主義組織ハマスが活動資金を得ることにつながるため、イスラエルはこれを必死に潰し続けた

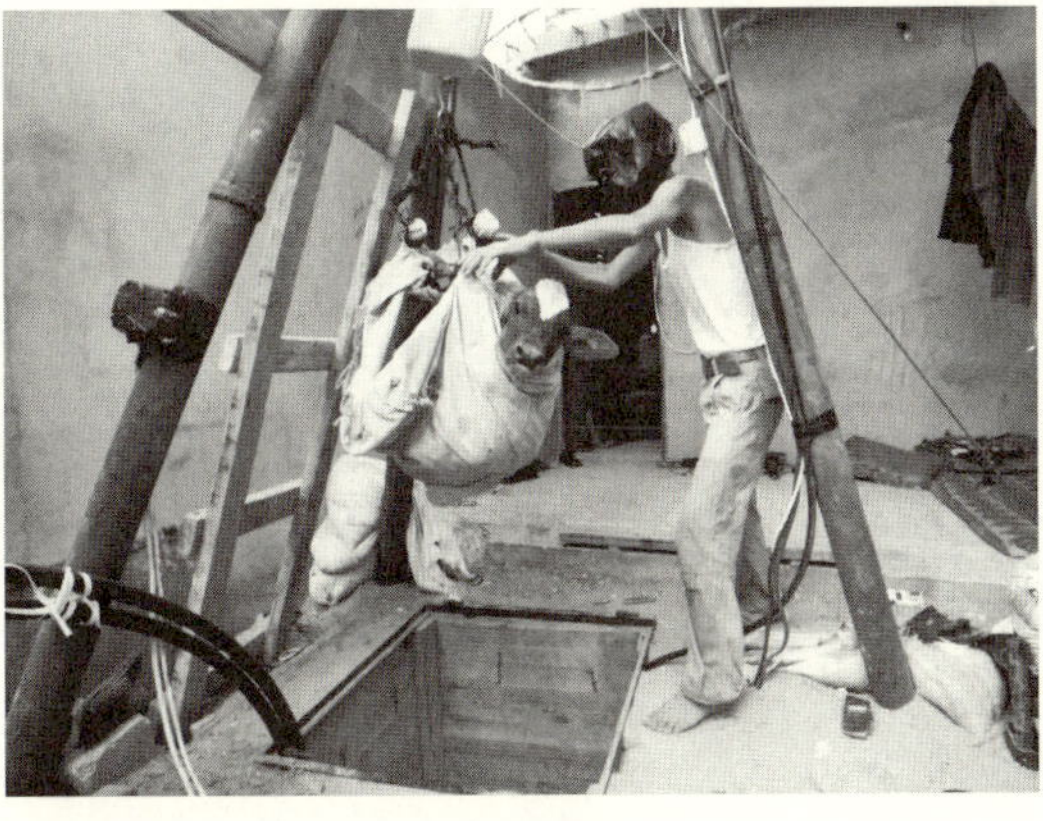

エジプトから子牛を運び出す
子牛やヤギなどの動物のトンネル通過料は1匹100ドルが相場。住民にとってはかなり高額だ

隠されたものもある。

1967年に勃発した第三次中東戦争により、パレスチナ自治区はイスラエルの軍事支配下に置かれる。以降、イスラエルはパレスチナ人の武装蜂起を警戒して、他国との人や物資の出入りを厳しく制限した。

ガザ地区の人口は約210万人で、面積はおよそ365平方キロメートル。日本でいえば種子島ほどの狭いエリアであり、住民たちは超人口密度のなかでの生活を強いられている。

さらに、イスラエルからは経済制裁も受け、慢性的な物資、食料不足に陥る。この状況に、パレスチナ系の民間企業が住民の生活難を助ける目的もあって、物流のための地下トンネル採掘のビジネスを考え出す。この事業はパレスチナ人に好評を得て、瞬く間に拡大していった。

NATO（北大西洋条約機構）がトンネル根絶を宣言

トンネルを利用して運ばれるものは様々で、日用品や食料品だけでなく、車を分解してパーツにして運び、着いた場所で組み立てるという者までいるという。

またトンネル事業は、企業や実業家、パレスチナ自治区の官僚までもが資金援助をする大がかりなものとなり、通行料や交易などで莫大な利益を生んだ。しかし、犯罪組織が多数参入したことでトンネルは拡張され続けたものの、武器やドラッグの密輸入、密入国にも利用され無法地帯と化してしまった。

当然、エジプト、イスラエルがこのトンネルに気づかないはずもなく、2013年から2014年にかけてトンネルを標的にした空爆が実施され、相当数のトンネルが破壊された。さらにイスラエルは地下採掘を感知する装置を開発し、新しくトンネルをつくらせない措置もとった。また、国際社会もこのトンネルを利用した密輸の危険性・犯罪性を問題視しており、NATO（北大西洋条約機構）が「トンネル根絶」を宣言する状況になっている。

一方で、物資不足にあえぐパレスチナ人たちは、公《おおやけ》の輸出入をイスラエルから制限されているため、トンネルを利用して生活を繋ぐしかない。しかし、トンネルは脆弱《ぜいじゃく》なつくりで頻繁に崩落事故が起こり、犯罪組織の存在もあって通過するだけで命を失う可能性が出てくる。加えて、高い通行料も払わなければならない。

生きるために命を危険にさらさなければいけないトンネルは、パレスチナ人たちにとって大きな矛盾をはらんだ存在だ。

キプロス島バローシャ

キプロス内戦による南北分断で生まれた 半世紀も時が止まったままの無人リゾート

鉄格子に囲まれたトルコ軍監視の廃墟群

その地に立つと眼前には透明な海が広がり、砂浜にはビーチパラソルが並ぶ。しかし、振り返ると鉄格子に囲まれた廃墟群が――。

この異様な光景が見られるのは、かつてリゾート地としてにぎわったキプロス島の街バローシャ。

47年前にタイムスリップしたかのような無人空間

ホテルの裏にある一軒家は屋根が潰れたまま。家中の引き出しがすべて開いている場合が多く、退去時に財産をかき集めたか、盗難の仕業だという

中心街もゴーストタウンのまま

TOYOTA、SHARPなど日本企業の看板を掲げる店もある。ショールームの新車はほこりまみれで、大通り沿いの高級ブランド店には当時流行の洋服が

DATA **所在地:**北キプロス・トルコ共和国／**人口:**3万9000人（南北分裂前）／**面積:**9251㎢（キプロス島全体）

文■三井一生

ビーチに隣接して建ち並ぶ高級ホテルとマンションの廃墟

1974年当時はオーシャンビューの高級ホテルに多くの人が訪れたが、現在は人影がない。その裏の大通りは「ジョン・F・ケネディ通り」

トルコ軍によるキプロス侵攻（1974年）

トルコ軍の侵攻を恐れたバローシャの住民たちは南部へ逃げ出し、いまだ帰れない

近年、ビーチのみ開放されるようになったが、高級マンションやホテルが居並んでいた居住エリアは1974年に住民が逃げ出して以来、トルコ軍がバリケードを張りめぐらせ立ち入り禁止のゴーストタウンとなっている。写真撮影も禁止されており、フェンスの外側からカメラを構えると、トルコ軍兵士が近づいてきて追い払われるという。

バローシャはかつて、地中海を代表する一大リゾート地だった。ハワイのワイキキを思わせる高級ホテルやブランド店が立ち並び、世界中からバカンスを楽しむ観光客が訪れた。往年の名女優ブリジット・バルドーをはじめ、ハリウッドのセレブたちにも愛された。

しかし、現在は見る影もない。海岸沿いに争うように建っていたマンション、ホテルは朽ち果て、崩落しそうな建造物もある。部屋の中には家族の思い出を写した写真が放置され、ベッドには衣服が投げ出されたままに。商店には1974年当時の商品がそのまま並んでおり、建造物が老朽化していることを除けば、まるで47年前にタイムスリップしたかのような空間だ。

トルコのキプロス侵攻で生まれたキプロス分断

このゴーストタウンはキプロスの「南北分断」がきっかけで生まれた。キプロス独立以来の大統領だったマカリオス3世が1974年、ギリシャが支援する反政府勢力に襲撃された。このクーデターを契機にトルコ軍がキプロス侵攻を始めると、主にトルコ系住民がいたキプロス北部と、ギリシャ系住民が住んでいた南部との間で争いが勃発する。キプロスは内戦状態に陥り、ギリシャ系住民が多数を占めたバローシャでは住民たちが同年8月15日に逃げ出し、そのまま街だけが取り残された。

キプロス島は現在も、欧州連合（EU）加盟国で南側3分の2を支配する「キプロス」と、トルコ政府だけが国として承認する「北キプロス・トルコ共和国」の南北に分断されている。

2020年11月、トルコのエルドアン大統領はトルコ軍が駐留する北キプロスを訪問し、南北分断の継続が望ましいという見解を示した。近い将来の統合は遠ざかり、バローシャの街はこれからも誰も立ち入ることなく、時を止めたまま取り残されていくことになりそうだ。

北センチネル島

上陸者の殺害事件がいくども起こる文明拒絶の「非接触部族」が暮らす島

外部との接触を拒絶する島民

インド洋東ベンガル湾内にある南海の孤島、北センチネル島には、あらゆる文明を拒絶するセンチネル族が暮らしている。島に近づく者には殺害も厭《いと》わないことで知られ、2004年のスマトラ島沖地震でも、インド政府と米海軍が被害を受けた島民のために救援物資を送ろう

南海の孤島北センチネル島

インド領アンダマン諸島のひとつで、観光地化されたアンダマンから島への接近ツアーが近年、人気を集めており、問題視されている

ナタで首を切り落とされた中国系アメリカ人宣教師

2018年11月、先住民をキリスト教に改宗させる目的で島への上陸を試みたが、3度目の接触で殺害された

DATA **所在地：**インド
面積：約60㎢／**人口：**推定50〜400人程度

文■西本頑司

石器時代的な生活を営む島民たち

6万年前にアフリカから北センチネル島へ渡り、この21世紀にも原始的な暮らしを続ける島民。唯一の文明の導入は弓矢だけといわれる

救援物資のヘリを弓矢で射る戦闘民

島民がしている赤い顔料は「兵士」である証であり、指揮官や長老は黒鉛の顔料で全身を黒く染める。戦闘民族らしい風習を持つ

とヘリコプターで接近した際、推定400人の島民たちはいっせいに弓矢で攻撃して追い払っている。2006年にはカニの密漁をしていたインド人2人が島に流されるやいなや、即座に弓矢で射殺されている。

2018年、それまで知る人ぞ知る存在だった北センチネル島は、世間から大きな注目を集める。中国系アメリカ人宣教師が「教化」のために島に乗り込むや、有無を言わせず殺害されたからである。しかも弓矢で蜂の巣状にしたあと、苦しんで倒れたところに駆け寄り、ナタで首を切り落とし、奇声をあげながら頭を掲げていたというのだ。その一部始終を宣教師を島に船で送り届けた漁師が目撃、インド政府に報告している。

印米中の政府は殺害を黙認

ここで世間を驚かせたのは、この蛮行に対してインド政府はもとより、自国民を殺されたアメリカ政府、同胞を殺された中国政府も「沈黙」したことだった。

たしかに北センチネル島の住民は、「非接触部族」に登録され、島への無許可での立ち入りは厳重に禁止されている。これは大航海時代の南北アメリカ大陸でも起こったように、島民が免疫を持たないことで疫病が蔓延《まんえん》し、甚大な被害をもたらすと懸念されるためだ。

だが、アメリカ、中国、インドという大国が、果たしてそれだけの理由で「沈黙」するとは思えない。この島には何か「秘密」が隠されているのではないか。

そこで考えられるのが「コロンブス交換」である。アメリカ大陸を発見したコロンブスは、結果的に南北アメリカ大陸の原住民に疫病を持ち込み、その90パーセントが亡くなったとされる。その一方でコロンブス一行もまた、アメリカ大陸由来の病気を持ち帰り、旧大陸において甚大な被害を出した。それが「梅毒」や「黄熱病」である。

センチネル族４００人は「生きたワクチン」

センチネル族は実に６万年以上も前にアフリカから移住し、以後、この島を拠点にして他者との交流をほとんど行ってこなかった。そのため「島嶼《とうしょ》化」によって北センチネル島には、この島にしか存在しない特定種が数多く存在すると推察され、先の宣教師もこうした新種を探して売りさばく「バイオハンター」だった可能性が高い。

当然、この島には「謎の風土病」が存在していても不思議はなく、それが安易な接触で外に漏れると、今回の新型コロナウイルスのようなパンデミックになるおそれがあるのだ。そのとき、センチネル族４００人は「生きたワクチン」となる。そんな貴重な存在を安易に殺人罪で逮捕するわけにはいかない。インド、アメリカ、中国政府が「沈黙」した理由とは、果たして――。

福島第一原発立ち入り禁止区域

日本最大の立ち入り禁止区域に危惧される猪と熊の大繁殖と生態系の劇的な変化

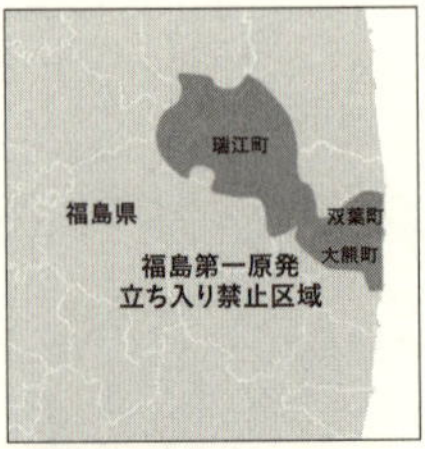

DATA **所在地：**福島県双葉郡（福島第一原発）

熊や猪が支配する野生の王国化

日本最大の立ち入り禁止区域、福島第一原発周辺を野生動物が支配する――？

世界最大の原発事故となったチェルノブイリの立ち入り禁止区域には現在、自然保護区と変わらないほどの豊かな種の動物たちが生息していることが調査で判明している。人間が生活を営まなければ動物たちは繁栄する。このまま福島第一原発周辺の立ち入り禁止が続けば、熊や猪といった動物が支配する野生の王国化は時間の問題とされる。

東日本大震災の大津波で壊滅的なダメージを被った福島第一原発。メルトダウンによって原発周辺の広範囲区域が立ち入り禁止となり、16万人近くの住民が住まいを捨てて避難せざるをえなかった。避難指示区域は年々縮小しているが、それでもその面積は東京23区の半分以上。大部分が山間部とはいえ、それだけの広さが立ち入り禁止という現実が横た

文■金崎将敬

福島第一原発の現在

廃炉作業中の福島第一原発。2051年には施設解体終了予定だが、放射性物質を含んだ汚染水の海洋放出など問題は山積みとなっている

「立ち入り禁止区域」浪江町の猪

現在の浪江町は一部地域が避難指示を解除されているが、帰還民は不在の間に町に住み着いてしまった猪の多さに驚くという

わっている。

汚染の震源地となった福島第一原発では廃炉作業が進められており、現在でも1日当たり4000〜5000人の作業員が従事しているといわれる。福島第一原発に通じる国道6号線は原発作業関連の大型トラックがひっきりなしに往復。人や物量の激しい往来とは逆に、避難指示が解除されても故郷に戻る人はごくわずか。無人の町は野生の猪によって荒らされ放題となっている。

以前から福島の山林は猪出没危険地域だったが、人気のなくなった3・11以来、猪捕獲数は年々増加傾向にあり、2017年度の総捕獲数はなんと2万頭を超えたという。

立ち入り禁止区域で相次ぐ熊の目撃報告

新たな脅威となるのは、猪より凶暴な熊だ。福島県における熊出没地域はこれまで阿武隈高地の内陸にほぼかぎられていたが、その高地を乗り越えて福島原発が位置する太平洋沿岸地域でも熊の目撃報告が相次いでいる。実際、荒れ果てた無人の町に熊出没注意を呼びかける防災無線放送が鳴り響く日もあった。

現在、山林開発による自然破壊で食料を失った熊が人里に現れ騒動となるケースは全国的にあとを断たないが、広範囲に人がおらず、自然破壊がされてない福島原発の周辺区域は、野生動物にとっては楽園。これまでもダークツーリズムの参加者やYouTuberがバリケードを乗り越えて原発の立ち入り禁止区域に侵入するケースがあったが、人という天敵のいない楽園で大繁殖した熊に襲われれば、助かる確率はかぎりなく低い。

そう遠くない未来、チェルノブイリ原子力発電所周辺の通称〝赤い森〟に見られた植物の巨大化、動物の奇形が憂慮される。福島原発周辺の異常を知らせる写真はいまのところフェイクニュースの域を脱していないが、日本最大の立ち入り禁止区域の生態系は確実に変化していることだけは確かなようだ。

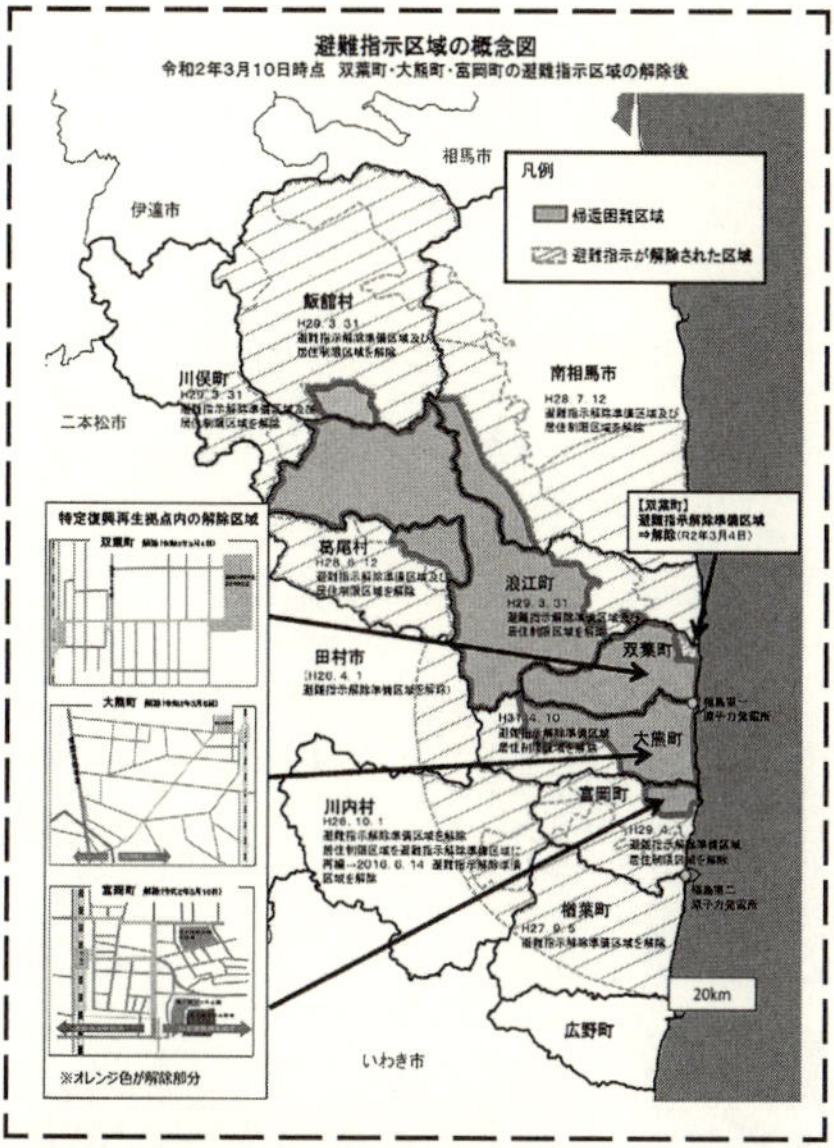

薄ズミの部分が現在の帰還困難区域（ふくしま復興ステーションHPより）

福島に帰還する住民は2割ほど。政府は原発周辺12市町村に移住した場合、最大200万円の支援金を支給する制度を設けることを決定した

チェルノブイリ立ち入り禁止区域

人気観光地となった帰還禁止区域の廃墟「プリピャチ」に残るホットスポット

プリピャチの作業員5万人は一晩で強制退去

１９８６年４月26日、チェルノブイリ原発４号機で爆発が起き、10日間にわたる火災により放射性物質を含む煙と粉じんが欧州全土に飛散。当時のソビエト連邦政府は原発から30キロ圏内の現ウクライナ、ベラルーシ両国にまたがる地域の住民を強制疎開させた。ここが「チェルノブイリ立ち入り禁止区域」である。

この区域は現在も公的には立ち入り禁止となっているが、外縁部では事故から

年間約6万人の観光客が訪れるプリピャチ

1970年につくられた計画都市プリピャチ。開園5日前に原発事故が起き、そのまま残された遊園地など廃墟の街ならではの見所が多い

DATA **所在地：**ウクライナ・キエフ州／**面積：**2600㎢

文■神谷充彦

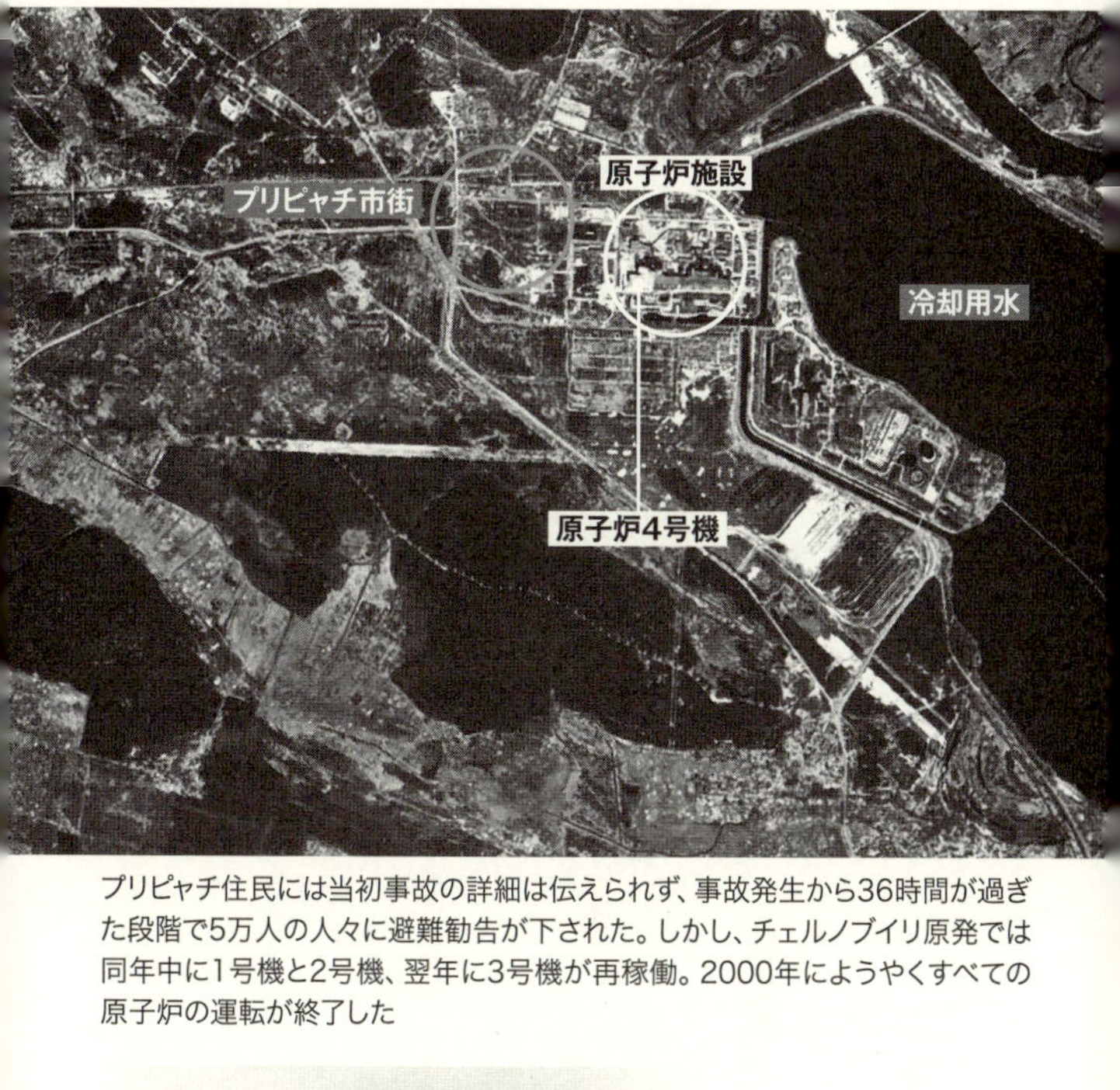

プリピャチ住民には当初事故の詳細は伝えられず、事故発生から36時間が過ぎた段階で5万人の人々に避難勧告が下された。しかし、チェルノブイリ原発では同年中に1号機と2号機、翌年に3号機が再稼働。2000年にようやくすべての原子炉の運転が終了した

爆発直後の原子炉4号機

チェルノブイリ原発4号機は設計上のもともとの欠陥と操作上の数々の規則違反により核反応が暴走して爆発。北半球全域に大量の放射性物質をまき散らす大惨事となった

数カ月後に住民の帰還が黙認され、2500人以上もの住民が住むナロディチという町もある。なお現在ではこの町の汚染度はきわめて低いことが確認されており、幼稚園には野外で遊ぶ子供たちの姿が見られ、安全な食料の生産も可能だという。

一方、いまでも廃墟となっているのが原発から3キロほどのところにある原発作業員用につくられた計画都市プリピャチだ。この都市では一晩で5万人が退去させられ、現在でも帰還を許されていない。ちなみに現在、原発で解体作業などに携わっている作業員や科学者らは、原発から15キロ離れたチェルノブイリ市街に滞在している。ここには現地住民も暮らしているが一定期間しか住むことが許されていない。

建造物倒壊の危険性と隣り合わせのプリピャチ

チェルノブイリ原発の爆発した4号炉は現在「新石棺」と呼ばれる新たな構造物で覆われており、その至近の放射能の空間線量は約0・86マイクロシーベルトとなっている。高い高度を飛ぶ航空機内の線量が7・4マイクロシーベルトであることを考えると、1日程度の滞在ならほとんど問題ないレベルといっていいだろう。

そうした状況を踏まえ、現在立ち入り禁止区域内の一部は原発自体も含め観光客に開放されており、「ダークツーリズム（人類の死や悲しみを対象にした観光）」の対象として人気を集めている。彼らの多くは〝インスタ映え〟などSNSで目立つ写真を撮ることを目的とし、なかにはヌード写真を撮ったり、物品を持ち出してオークションに出品したりといった質《たち》の悪い者もいるようだ。

観光客に人気なのは原発のほか、先に述べた廃墟の都市プリピャチで、年間約6万人が足を踏み入れているという。グーグル・ストリートビューでもその街並みを見られるほどポピュラーな場所となっているが、場所によっては線量の高いホットスポットも残っており、建物の倒壊の危険性とも隣り合わせであるため、物見遊山気分の観光客がそのうちなんらかの事故に巻き込まれないともかぎらない。

野生動物の楽園となった立ち入り禁止区域

立ち入り禁止区域では人間がいなくなったことで動物や植物が増えており、オオカミの生息数は7倍にも増加したという

セントラリア

火災事故で炭鉱が50年以上燃え続ける居住を禁じられたゴーストタウン

有毒ガスの発生と地面の陥没で居住禁止に

米ペンシルベニア州のセントラリア。かつて石炭鉱業で栄えたこの街は、1962年5月に起きた地下での石炭火災によって廃墟と化した。

1980年代の時点でも火は衰えず、政府は住み続けていた住民に対して退去勧告を発令、土地や建物を買収した。セントラリアの街は、新たに住むことができない居住制限地域となった。

この火災は、半世紀を経たいまもなお鎮火していない。

1850年代から石炭産業の中心地だったペンシルベニア州北東部。アメリカ唯一の無煙炭産出地で、産業革命を下支えする重要な場所だった。しかし、1950年代までに、石油への燃料転換で石炭産業は衰退の一途をたどった。産出地では炭鉱が閉鎖され、石炭

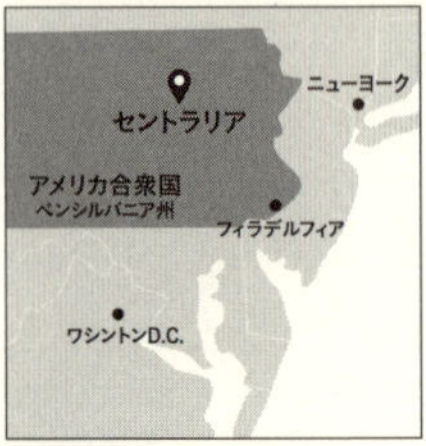

DATA **所在地：**米国・ペンシルベニア州／**開坑：**1856年

文■大町毅

無人の住宅地でいまも燃え続ける

初期消火の失敗が半世紀以上続く火災に発展。数えきれないほどの亀裂が地面に走り、道路には断層ができている。燃えた家屋も多く、硫黄臭が漂う

埋め立てられる「グラフィティ・ハイウェイ」

1993年の封鎖後に描かれたグラフィティで道路はランドマーク化したが、2020年4月に1万トンもの土が運び込まれた

会社の撤退で放棄された炭鉱では、火災が各地で発生していた。

1962年、「戦没将兵追悼記念日」に当たる5月最終週の月曜日、いわゆるメモリアルデー直前に、セントラリアでも石炭火災が発生した。炭鉱を埋め立てたゴミ集積所で清掃員がゴミに火をつけたところ炭層に引火。地下の炭鉱まで燃え広がった。火の勢いは収まらず、1960年代後半には近隣の住宅にも有毒ガスが侵入して、生活できない事態に陥った。

火災から約20年後の1981年2月には、12歳の少年が祖母の家の裏庭で遊んでいたところ、突然、地面が陥没、亀裂が入った地面の中に落下するという事故も発生。有害な一酸化炭素は、地中で高温を発すると地下水の蒸発によって地面の陥没を引き起こす危険があるとされる。地元住民の間で懸念されていたことが現実となった瞬間だった。少年はなんとか木の根に掴まり、一命はとりとめたという。

映画『サイレントヒル』のモデルになった不気味な街

政府は消火活動を断念し、1983年には連邦議会が住民の移転を決めた。翌年にはほとんどの住民が近隣の街に移り住んだが、なかには留まった住民もいた。しかし移住に反対する住民に対し、1992年、州知事から避難命令が出された。2002年には郵便番号も廃止されている。それでも、2017年の時点で8人の住民が転居していないという。

ゴーストタウンとなったこの地は、ホラー映画『サイレントヒル』（2006年）のモデルとしても知られる。

この街に向かう高速道路にはスプレーで色とりどりの落書きがされている。その場所は「グラフィティ・ハイウェイ（Ｇｒａｆｆｉｔｉ Ｈｉｇｈｗａｙ）」と呼ばれ、見学に訪れる観光客もいたが、２０２０年4月、土地の所有者がダンプで土を搬入。グラフィティは埋め立てられる予定だ。

映画『サイレントヒル』

夫婦の娘が夢遊病で「サイレントヒルに帰る」と繰り返すため実際に向かうと、そこは異世界で怪物や死体がゴロゴロというゴシックホラー

ブーベ島

ケープタウンから南へ2500キロも離れた事故レベルの極寒環境の孤島

地表の9割が氷で覆われた絶海の火山島

「世界で最も孤立した無人島」といわれるのがノルウェー領の「ブーベ島」だ。地表の9割近くが氷で覆われ、岸辺はほぼ崖。個人レベルでは上陸が困難なうえ、島自体が自然保護区に指定されており、学術調査目的以外ではノルウェー当局からも渡航が却下されている。

ブーベ島は南大西洋に浮かぶ火山島で、南アフリカ・ケープタウンの南南西約2500キロに位置する。「世界で最も孤立した有人島」と呼ばれる英国領トリスタン・ダ・クーニャ島からは2200キロ以上離れ、南極からは1600キロの距離。この島に上陸しよう

地理的に世界で最も隔絶した島

島自体は溶岩でできていて、海に面した崖は切り立っている。1996年にコンテナの研究所をつくったが、冬の突風で吹き飛ばされた

DATA **所在地：**ノルウェー領（南大西洋上）／**面積：**59㎢

文■大町毅

海氷に囲まれたブーベ島

のちに島の主権を手に入れたノルウェーが1928年に気象観測所を設営しようとしたが、建てる場所が見つけられずに断念。1977年に無人の自動観測所を設置したとするならば、研究者として調査船のメンバーに選ばれ、ヘリコプターで上陸するしかないという。

島の発見は1739年、フランス人の探検家ジャン＝バティスト・シャルル・ブーベ・デ・ロジェによるとされる。しかし、場所が正確に報告されなかったため、1808年に英国の捕鯨船が再び発見するまで所在不明のままだった。ノルウェーは1927年、島に旗を掲げて主権を主張。先に英国が主権を主張していたが、2国間協議の末、ノルウェー領になった。

人間が住むのはほぼ不可能な過酷な環境

面積わずか59平方キロメートル。事故レベルの極寒の環境から人が住むことはほぼ不可能だが、海鳥の重要な繁殖地として多くの在来種が存在。とくにマカロニペンギンやヒゲペンギンなどペンギンの代表的な生息地となっている。他にもナンキョクオットセイ、ミナミゾウアザラシが生息。島では狩猟が禁止されるなど生物保護が進められ、1971年に自然保護区に指定された。しかし、ペンギンの生息数はここ20〜30年で半減。正確な理由は解明されていないが、拡大するオキアミ漁の影響や気候変動が原因としてあげられている。

グーグルマップで確認すると、島の西側に「Ｂｏｕｖｅｔ Ｃａｆé」なる喫茶店が表示される。「メニューは豊富」「コーヒーのおいしさに驚くと思います」などとコメントされているが、なかには「グッチがある」などの記入もあるため、単なるジョークだと思われる。興味のある方は実際に訪問して確認するしかないのだが……。

1927年のノルウェー隊上陸

ノルウェーの捕鯨船を操るラース・クリステンセンは9度の南極探検隊に同行した。1927年、最初の調査でブーベ島にたどり着いた

カラチャイ湖

「核のゴミ」と「死の灰」で生まれた地球で最も汚染された〝殺人湖〟

1時間いるだけで致死量に達する線量

地球で最も汚染された湖——。

ロシア南西部、カザフスタンとの国境に近いウラル山脈の東にあるカラチャイ湖は「核のゴミ」によって汚染され、人が近づくことはできない場所である。

米ソ冷戦時代、ソ連は核兵器の生産を推し

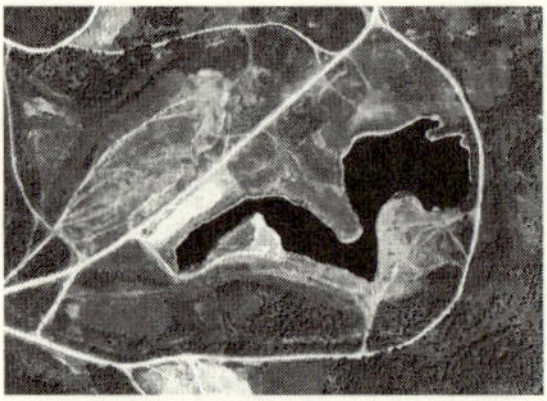

上空から見たカラチャイ湖

埋め立ては当初3〜4年で終了するとされたが、結局は40年以上を要した。埋め立てた理由は放射性物質の飛散防止だ

マヤーク核技術施設

カラチャイ湖以外の湖にも放射性廃液を多数投棄。汚染された器具や衣類は敷地内の200カ所以上に埋められている

DATA **所在地：**ロシア・チェリャビンスク州

文■大町毅

世界一の汚染湖

1986年に起こった史上最悪といわれる原発事故が発生したチェルノブイリより危険とされる。ウラル核惨事の際は近隣の村にマヤークから黒い雲が押し寄せた

汚染ゴミも放置

ウラル核惨事で地域住民1万人が強制避難。取り残された村の住民は放射能汚染を知らされずに自給自足で生活し、がん患者が増加

カラチャイ湖の埋め立て作業

2015年の埋め立て工事完了まで廃液投棄は続けられ、地下水汚染はマヤーク周辺以外にも広がっているとされる

進めるべく、広大な国土の各地に秘密都市や秘密工場を建設。そのひとつが、カラチャイ湖に近いマヤーク核技術施設だった。1946年に核施設を含む秘密都市がつくられ、その2年後に核施設は稼働。作業員は許可なしでマヤークを出ることを禁じられるほど隠密に開発が進められた。

ソ連では当時、核廃棄物を川や湖に流すことが常態化しており、マヤーク核技術施設ではストロンチウム、プルトニウムなどを含んだ核廃水をカラチャイ湖へ廃棄していた。湖底には汚染された沈殿物が堆積、放射能の放出量は1986年のチェルノブイリ原発事故を上回るとされ、のちに調査が行われた1990年時点でも、湖岸に1時間いるだけで致死量に達する6シーベルトの放射線量が検出された。

さらに、重大な爆発事故も起きている。1957年9月29日、ウラル山脈の東、カラチャイ湖にも近いキシュティム軍事核施設で核廃棄物の貯蔵タンクが爆発。高レベルの放射能汚染物質が爆風で上空に舞い上がり、風に流されて数百キロにわたる範囲を汚染した。この事故は「ウラル核惨事」と呼ばれ、チェルノブイリ原発事故と合わせて、旧ソ連時代の最悪な核事故として知られる。

しかし、この事故の存在が明らかになったのは事故から19年後の1976年。反体制派の生物学者ジョレス・メドベージェフがイギリスの科学誌『ニュー・サイエンティスト』に発表したことで、ようやく明らかになった。

深刻な健康被害と奇形魚の大量発生

放射能汚染水を流し込まれ、さらに「死の灰」も降り注いだカラチャイ湖にさらなる負の連鎖が続いた。１９６７年、雪不足のために湖が干上がった結果、湖底に堆積していた放射性物質も乾燥し、それが塵となって周辺に飛散。周辺住民には深刻な健康被害が発生し、湖には奇形化した魚も多数出現した。怖ろしいことに、これほどの異常な放射能汚染が長年にわたって続いたのだ。

ソ連政府は長らく核施設の存在と事故の発生を認めなかったが、１９８９年になってようやく「ウラル核惨事」発生を公式に認めた。１万人以上の緊急避難の事実と、カラチャイ湖の汚染状況を国際原子力機関に報告したのだ。

そして、公式に核施設の存在を認めたのは１９９０年。だが周辺地域の住民の健康被害はすでに深刻化。がん発生率は約20パーセント、白血病は約40パーセント増加したという。

あまりにも高い汚染レベルのため、カラチャイ湖のセメントでの埋め立て措置が開始されたのは１９７０年代末頃から。２０１５年に作業は完了している。

エル・カミニート・デル・レイ

落下死亡事故が多発した断崖絶壁の朽ちた小道は〝世界一怖い遊歩道〟

DATA **所在地：**スペイン・アンダルシア州／**全長：**約7㎞／**完成：**1905年

無断侵入者には75万円の高額罰金

高所恐怖症の人ならば卒倒するだろう。

断崖絶壁にまとわりつくように張りめぐらされた小道は最高地点230メートル、道幅はわずか1メートル。それが約7キロにわたって続くのだ。スペイン南部マラガ近郊にある、世界一怖い遊歩道といわれる「エル・カミニート・デル・レイ（王の小道）」だ。

この「王の小道」は、あまりにも危険すぎるため長年にわたり立ち入り自体が禁止されていた。手すりは壊れ、老朽化した戸板の歩道も複数の箇所が崩落し、道が途切れていた。歩けそうな踏み板かと思いきや、穴が空いていることもある。少しでもバランスを崩せば、眼下のグアダルオルセ川に真っ逆さまとなる。

文■三井一生

危険すぎる「王の小道」

崖に張りついた幅1メートルの道は一方通行で、すれ違い通行不可。傘や自撮り棒の持ち込みは禁止。改修前の道はさらに狭い約60センチ

小道の建設は宙吊りの状態で作業

「王の小道」の由来は、1921年に当時のスペイン王アルフォンソ13世がダムの開通式でここを訪れたことで、この名称で呼ばれるようになった。

しかし、王の小道はこれ以後放置され、断崖絶壁に朽ちた小道が張りついた状態のままにされた。登山愛好者やロッククライマーに「世界一危険な道」と呼ばれ、踏破に挑戦する者もいたが、たびたび死亡事故が発生。1999年から2000年にかけて複数の落下死亡事故が続いたことから、以降は立ち入り禁止地域となった。違反者には6000ユーロ（約75万円）もの高額な罰金が科せられた。

もともとは水力発電所の工事のために1901〜1905年にかけて建設された小道。工事を担当することで恩赦を受けた囚人たちが、崖の上から垂らしたロープで体を縛り、宙吊りの状態で作業をしたという。

落下事故の多発後は、10年以上にわたり立ち入り禁止となっていたが、その後遊歩道の改修工事が行われ、2015年になって登山客も通れるようになった。しかし、公式HPのQ&Aには堂々と「危険です」と明記され、強風や雨の日は閉鎖される。

入場するにも決まりが多く、チケット購入には事故に遭った場合に備えて身分証明書が必要で、保険に加入することが義務づけられる。さらに自殺や行方不明を防ぐために、入退場時はチケット記載のバーコードで管理される。

絶壁の頂上にたどり着くと、2000年に無断で登り亡くなった少年3人の慰霊碑が建立されている。

「落ちたら死ぬ」しかない高さ

歩道から望む景色は絶景だが、よろけただけでも危険。岩壁には旧道時代に使用されたハーケンの打ち込み跡や川の増水到達点の印もある

ナトロン湖

高濃度炭酸ナトリウムで沈んだ生物を石化させるアフリカにある「死の湖」

湧水が流れ込んだ「巨大な水溜まり」

炎のように真っ赤に染まったその湖に沈めば、体がドロドロに溶け、しかも生きながら石となる……。そんな信じられない噂を持つのがアフリカ・タンザニアにあるナトロン湖だ。それゆえに「炎の湖」「メドゥーサの湖」「アフリカの死の湖」など呼び名は数多い。

琵琶湖以上の広さにもかかわらず水深は最大で3メートル程度。その正体は造山活動が活発な大地溝帯（グレート・リフト・バレー）の窪《くぼ》地《ち》に大量の塩分を含んだ湧水が流れ込んだ、「水溜まり」である。

赤道直下の乾燥地帯ゆえに湖水はどんどん干上がっ

上空から見たナトロン湖

東リフトバレーにあり、長さ57キロ、幅22キロと琵琶湖より広い大きさだが水深は3メートル。湧き水と谷に流れ込む雨でできた巨大な「水溜まり」だ

DATA **所在地：**タンザニア **面積：**約1039㎢／**最大水深：**3m

文■西本頑司

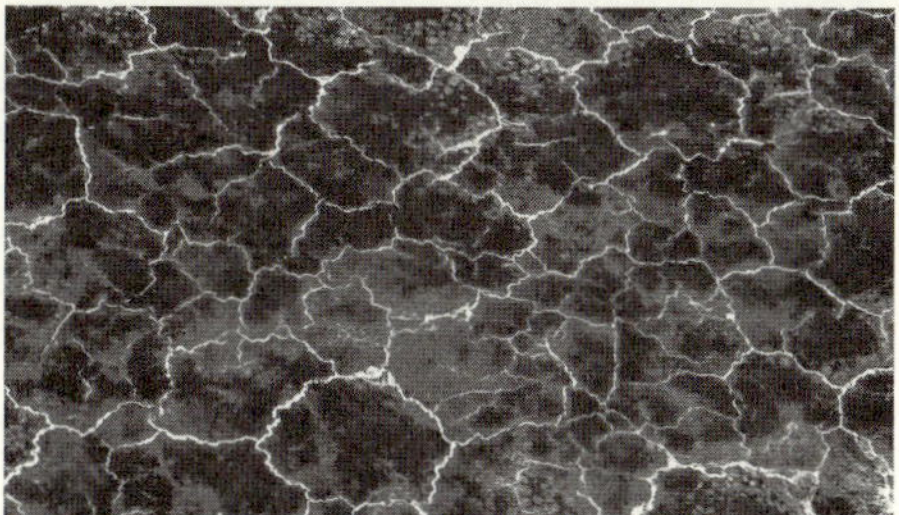

微生物の大量発生で真っ赤に染まった湖水

スピルリナは好塩性の藻類で、フラミンゴはこれをこし取って餌にするためスピルリナの赤色が全身に定着する

フラミンゴ250万羽の「ピンクパレード」

外敵がおらず、餌も豊富なナトロン湖は、フラミンゴの大繁殖地となったており、高濃度となった塩分はアンモニア並のph 11近くという強アルカリ性。そのため好塩性の微生物スピルリナが大量発生。その影響で湖水は真っ赤に染まる。また湖岸はアルカリ塩やソーダが凝固し、摩訶《まか》不思議な奇景を織りなす。高濃度の炭酸ナトリウムの作用で水に沈んだ生物は溶けるのではなく、急速に石化しカチカチに固まる。

また、このナトロン湖はレッサーフラミンゴの最大繁殖地でもあり、「炎の湖」を背景にした250万羽というアフリカ最大の「ピンクパレード」は、多くの自然愛好家に「一度は目にしたい」といわしめる絶景地でもある。

100年後には塩類平原になる運命

多くの人を引きつけるナトロン湖の美。それは〝滅び〟の美しさでもある。

前述したようにナトロン湖は約5000年前、環境の変化で生じた大量の雨によって生まれた「巨大な水溜まり」にすぎない。現在は、地下水が湧水として流れ込み、それで維持されているものの、あと100年もすれば塩類平原となるのは間違いない。塩類平原とは塩が固まってできた鏡面のような真っ白い大地のことで、アメリカのボンネビル・ソルトフラッツが有名だ。

水量が豊かだった数千年前のナトロン湖は、ごく普通のありきたりな塩湖でしかなく、100年後には、やはりありきたりな塩原となる。そのほんのわずかな「滅び」に至る一瞬の奇跡が、その妖しいまでの美しさになっているのだ。

100年タームでみれば、いずれナトロン湖は消える。だが、その頃には、やはり大地溝帯にあるケニアのナクル湖が、新しい「炎の湖」になることだろう。ここも水深は2～3メートル程度しかなく、第2のナトロン湖になることはほぼ間違いない。

生まれては消え、消えては生まれる、美しくはかない湖。いくら自然保護団体が騒ぎ立てようが「地球時間」の壮大さの前には無意味であり、神ではない人間にできるのは、滅ぶからこその美を素直に堪能することだけであろう。

現代に残る11の禁足地

信仰・因習・伝説・祟り……

文■佐藤勇馬

世界だけでなく、日本にも「進入禁止」「立ち入り禁止」となっているタブー区域が数多く存在する。単純に安全上の問題だったり、セキュリティ的な理由だったりといった場所も多いが、日本は八百万《やおよろず》の神々が宿るとされる国だけあって古くからの信仰、因習、祟りなどが原因で「禁足地（入ってはいけない場所）」とされている区域が少なくないのだ。

ここでは、主立ったオカルト的な日本のタブー区域を紹介しよう。

❶ 黄門様が妖怪に襲われた「八幡《やわた》の藪知らず」

日本で最も有名な禁足地といわれているのが、千葉県市川市にある「八幡の藪知らず」。市役所の向かいという市街地にあり、周辺の人や車の往来も多い場所で、「まさか、こんなところに……」と誰もが思うような禁足地だ。パッと見は「ただの小さな竹藪」という印象だが、江戸時代の頃から「入ったら二度と出てこられない」「入った者には災いが起こる」との言い伝えがあり、「八幡の藪知らず」という名称は道に迷ったことを指す慣用句にもなっている。

なぜ禁足地となったのかは諸説あるが、平将門の首が眠っている、家臣たちが将門の首を守り続けて泥人形になって当地の土と化した、将門のために侵入者に災いをもたらす強力な術がかけられている……といった「将門伝説」が由来として残っている。また、水戸黄門こと徳川光圀がこの森で迷って妖怪に襲われた末、命からがら逃げのびたという逸話もある。

❷ 魔王が棲まう神社の跡地「第六天の森」

東京にも禁足地はある。世田谷区の砧《きぬた》公園に沿って走る直線道路に1カ所、何かを避けるように鋭いカーブを描いている不思議な場所があり、そこには切り株が残っている。もちろんただの切り株ではない。そこは魔王が棲まうとされた「第六天」を祀った神社の跡地であり、かつて「第六天の森」と呼ばれていたいわくつきの場所だ。「草木の一本たりとも切ってはならない」という戒めがあったが、江戸時代に開発工事が断行され、現場で事故や作業員の不幸が多発したことで工事は中止に。残されたのは切り株だけとなったが、1964年の東京オリンピックに伴う区画整理でも祟りを怖れ、切り株を迂回するように道路が整備されたといわれている。

3 作業員が謎の死を遂げた「朴《ほお》の木《き》」伝説

同じような「神木の祟り」としては、山梨県甲州市の諏訪神社にある御神木《ごしんぼく》「朴の木」の伝説が有名だ。ヤマトタケルがこの地を訪れた際に杖にしたものから発芽したとされ、古来「この神木をおろそかにすると災いが起きる」と信じられてきた。

すぐそばに甲斐大和駅があり、線路に伸びた枝が安全上の目的で切り落とされたことがいくどかあったが、それに関わった国鉄の作業員らが謎の死を遂げるなど、不可解な災いが何度も起きている。国鉄からJRになった現在も祟りを怖れて誰も手が出せず、線路上に屋根つきのフェンスを建てて電車と枝が接触しないようにしている。そのような事例は全国でもあまりなく、異様な光景だ。現在も朴の木は畏怖され、地元の人々はむやみに近寄らないようにしているという。

4 生きたまま永遠の瞑想を続ける「空海の御廟《ごびょう》」

西日本に目を向けると、日本屈指のパワースポットである高野山にもタブー区域がある。それが「空海の御廟」だ。高野山は816年に空海（弘法大師）によって開宗された真言宗の総本山であり、僧たちの修行の場としてはもちろん、和歌山県を代表する観光スポットとして多くの人が訪れている。

参拝者が行き交う奥之院には、空海が入定《にゅうじょう》（生きたまま永遠の瞑想に入ること）した御廟がある。いまも空海はそこで深い瞑想を続けていると信仰され、毎朝6時と10時半の2回、僧たちによって食事が運ばれている。僧たちが木箱に収めた食事を運ぶ様子などは見学できるが、空海が瞑想しているとされる御廟の内部は一般人の立ち入りや撮影が固く禁じられている。

5 織田信長の時代に処刑場だった「新開の森」

滋賀県には、織田信長ゆかりの心霊スポットとしても知られる禁足地「新開の森」がある。地元では「シガイの森」という通称で呼ばれており、そのおどろおどろしい名前が恐怖感をより煽《あお》り立てている。

田園風景の中にポツンと取り残された小さな森であり、パッと見ただけでも「何かある」と容易に想像できる光景だ。

織田信長の時代に処刑場として使われていたとされ、一説には信長の留守中に安土城を抜け出して城下で遊んでいた女中たちがそれを咎められ、この地で処刑されたといい伝えられている。女中たちの霊が夜な夜な現れて森をおろそかにする者を祟ると噂され、人々が足を踏み入れなくなったという伝承がある。その一方で「近くの今宮天満宮の敷地だったので禁足地扱いされた」との説もあり、真相は定かではないようだ。

6 触れると祟りがある平敦盛の首塚のある「煙島」

兵庫県・淡路島の南端に位置する福良《ふくら》湾には、古来の禁足地である小さな島「煙島」が浮かんでいる。平清盛の弟・経盛《つねもり》の子で、笛の名手の美青年として知られた平敦盛《あつもり》の首塚があり、遺体が荼毘《だび》に付された際に立ち昇った煙が島名の由来となっている。地元では「首塚に触れると祟りがある」「島に大蛇が住んでいる」といった伝承があり、いまも島内にある厳島神社の例祭などを除けば、ほとんど人が立ち入ることはない。

7 観光できない世界遺産女人禁制の「沖ノ島」

世界遺産に登録されている福岡県の「沖ノ島」も日本を代表する禁足地だ。玄界灘に浮かぶ絶海の孤島であり、島全体が宗像《むなかた》大社沖津宮の御神体という「神の島」で、同時に宗像大社の私有地となっている。

基本的に宗像大社の許可がなければ上陸することはできないが、かつては年に一度の現地大祭で男性限定ながら一般人の参加が認められていた。上陸するには、全裸で海に入って禊《みそぎ》をしなければならない。宗教的な慣習によって「女人禁制」で女性の上陸は完全に禁止。他にも「島のものは草1本、石1個たりとも持ち帰ってはならない」「島で見聞きしたことを外で漏らしてはならない」といった掟がある。また、世界遺産登録後は保全強化などを理由に一般人については禁足が厳しくなってしまった。世界的にも珍しい「観光できない世界遺産」ともいえる。

8 掟を破れば命を落とす!?「オソロシドコロ」

人気ゲームの舞台となったことで脚光を浴びた長崎県の対馬には、いかにも禁足地らしい「オソロシドコロ」という名前の場所がある。

対馬固有とされる「天道信仰」の聖地・龍良《たてら》山の森の中にあり、信仰の中心人物である天道法師を祀った八丁角、その母の墓所である裏八丁角という石塔で構成されている。古くから禁足地とされてきたが、もし間違って森に入って石塔を見てしまった場合は、わらじを頭に乗せて「インノコ」(犬の子)と唱え続け、自分は人間でないと主張しながら石塔が見えなくなるまで後ずさりで戻らなければならない。また、もし転んだときは片袖をちぎって身代わりとして置いていかなければいけない……といった掟もある。いずれも掟を破った場合は「命を落とす」などと言い伝えられてきたという。「オソロシドコロ」という呼称からも、いかに地元の人々から畏怖されてきた場所なのかが理解できるだろう。

9 聖地として畏怖される「久高島《くだかじま》フボー(クボー)御嶽《うたき》」

古くから独自の文化と宗教観が育《はぐく》まれてきた沖縄は、禁足地の宝庫ともいえる。

沖縄本島の東南に浮かぶ久高島は、周囲8キロほどで住民200人前後という細長の小さな島。だが、同島は「神の島」とも称され、島の中央西側には人々に最高の聖地として畏怖される「久高島フボー(クボー)御嶽」がある。

「御嶽」とは琉球神道における聖地であり、同島の「久高島フボー(クボー)御嶽」は琉球神話にも登場する「七御嶽」のひとつとされ、神代の時代から琉球王府と地元民によって大切に守られてきた。奥にある円形広場は祭祀場となっており、そばに立てられた案内板には「人々にとって最高の聖域です。何人たりとも、出入りを禁じます」と記されている。島の神女が祭祀の時にのみ入ることができるとされるが、とくに柵などがもうけられているわけではないため、近年は「SNSに写真を投稿したい」といった目的の不届きな観光客が侵入するケースが報告されている。

10 秘祭を見た者は死に至る!? 「大神島《おおがみじま》」

宮古島の北北東4キロに位置する「大神島」は、人口20人ほどの「超限界集落」ともいえる離島。しかし、ここは島全体が〝聖地〟とされる沖縄屈指のパワースポットだ。島民の御嶽信仰が非常に強く、周辺の島などでは人口減少による担い手不足で祭事の中断を余儀なくされるなか、同島では謎めいた秘祭・祖神祭（ウヤガン）の伝統は健在。秘祭ゆえに外部の研究者による調査を拒んできた経緯があり、島民は祭りや神様に関することを外部に明かすのをよしとせず、島の歴史なども未解明な部分が多い。もし部外者が祭祀の様子をのぞき見たり、撮影したりした場合は「死に至る」との言い伝えがある。また、真偽は不明ながら17世紀に世界の海を荒らしまわった海賊キャプテン・キッドが財宝を隠したという伝説も残っている。現代日本において、これほど神秘のベールに包まれた地域は他にないかもしれない。

11 人魚伝説の残る「パナリ人魚神社」

八重山諸島の新城島《あらぐすくじま》は上地島と下地島という2つの島で構成されており、現地の方言で「離れ」を意味する「パナリ」という通称で呼ばれ、人魚伝説が残っていることでも有名だ。

人魚の正体はジュゴンであり、かつて島周辺はジュゴンの一大生息地だったとされている。島には多くの御嶽が存在するが、上地島には通称「パナリ人魚神社」と呼ばれる御嶽があり、ジュゴンの頭蓋骨などが祀られているのだ。琉球王朝時代にジュゴンは「ザン（人魚）」と呼ばれて肉が珍重され、塩漬けや干し肉とされて献上品にもなったことから豊漁を祈願する目的があったとみられている。

ロマンチックな名前と伝承に興味を引かれる「パナリ人魚神社」だが、現在も厳重に立ち入りが禁止されており、観光客はもちろんのこと、島民ですら普段は入ることができない神聖な場所となっている。

信仰・因習・伝説・祟り…… 現代に残る11の禁足地

❶ 八幡の藪知らず

面積的には禁足地のなかでも最小クラスだが、ネームバリューは抜群。「神隠し」発祥の地ともいわれ、市街地でありながら小さな森の中は人の気配が消え、異界の趣を漂わせている

DATA **所在地：**千葉県市川市／**面積：**約20㎡

❷ 第六天の森

のどかな光景の中に突如として現れる禁足地。切り株を傷つけることはもちろん、触れるだけでも恐ろしい祟りがあるといわれている

DATA **所在地：**東京都世田谷区

❸ 朴の木

枝払いした国鉄作業員の不幸だけでなく、この朴の木の葉で柏餅をつくって食べた集落が疫病と水害によって壊滅したとのいい伝えも残っている

DATA **所在地：**山梨県甲州市

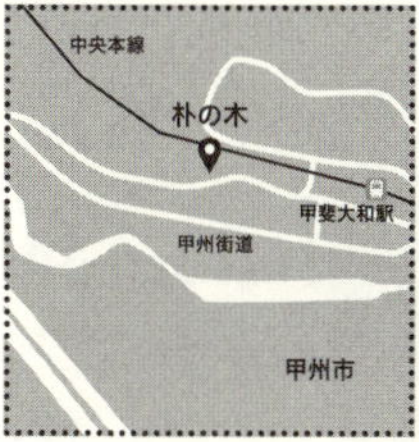

❹ 「空海の御廟」のある奥之院

壇上伽藍と並んで高野山の2大聖地とされる奥之院。空海は835年3月に62歳で入定し、現在まで約1200年にわたって永遠の瞑想を続けているとされる。もちろん生きたままだ

DATA **所在地：**和歌山県伊都郡

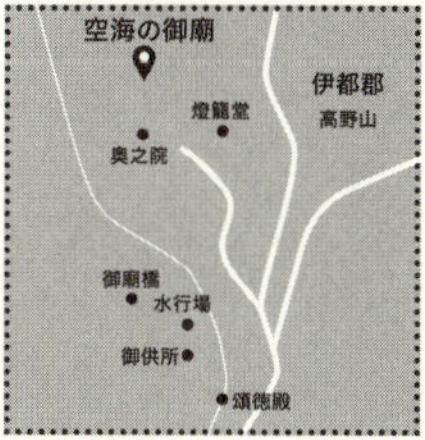

⑤ 新開の森

禁足地であると同時に、滋賀最恐の心霊スポットともいわれている。現在もこの地をめぐる怪談や心霊体験などがネット上に出回っている

DATA **所在地：**滋賀県近江八幡市

---

⑥ 煙島

DATA **所在地：**兵庫県南あわじ市

島の岸に鳥居が立ち、そこから小さな森をくぐりながら急な階段を上ると厳島神社がある。その境内に平敦盛の首塚があり、現在も変わらずに地元の人々から畏怖の対象とされている

---

⑦ 沖ノ島

4〜9世紀の古代祭祀の跡があり、国宝「金製指輪」など約8万点の奉献品が手つかずで発見されたことから「海の正倉院」とも呼ばれる

DATA **所在地：**福岡県宗像市

⑧ オソロシドコロ

ここに入るには「塩をまいて体を清める」「大声を出さない」「落し物は拾わない」といったルールも守らなければならないとされる

DATA **所在地：**長崎県対馬市

9 久高島フボー（クボー）御嶽

DATA **所在地：**沖縄県南城市

日本には「女人禁制」となっている聖地が少なからずあるが、この地は古くから「男子禁制」とされている珍しいパワースポットだ

10 大神島

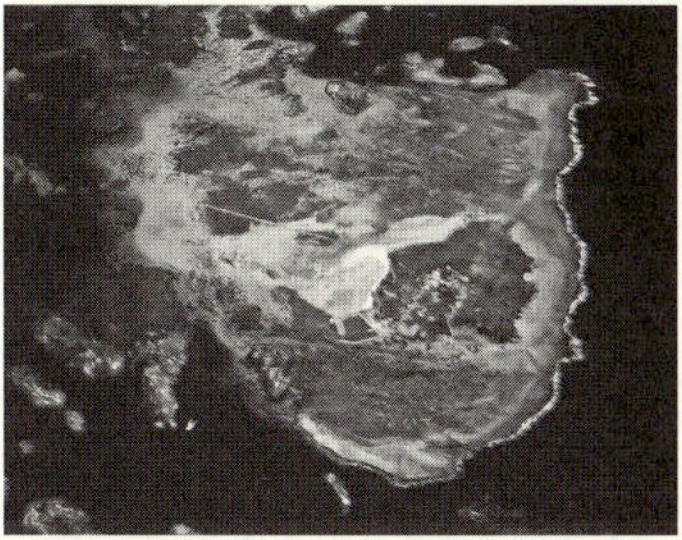

DATA **所在地：**沖縄県宮古市

宮古島の島尻港からの定期便によって訪れることができる美しい島だが、旅行者が安易に足を踏み入れてはならない場所が数多く存在する

11 パナリ人魚神社のある新城島の上地島

DATA **所在地：**沖縄県八重山郡

島には「無断でお宮に入ったり、勝手に願いごとをしてはならない」といった、観光客へ向けての注意点を記した看板も立てられている

[装丁]HOLON
[本文デザイン&DTP]武中祐紀
[編集]片山恵悟(スノーセブン)
[写真]共同通信社/AP/
アフロ、Rodrigo Reyes Marin/
アフロ、Abaca/アフロ、ロイター/
アフロ、Insidefoto/アフロ、UPI/
アフロ/PIXTA

宝島
SUGOI
文庫

潜入!! 世界の立入禁止区域
「非公開エリア」には何があるのか?

(せんにゅう!!　せかいのたちいりきんしくいき
「ひこうかいえりあ」にはなにがあるのか?)

2025年3月19日　第1刷発行

著　者　世界ミステリー調査班
発行人　関川 誠
発行所　株式会社 宝島社
〒102-8388　東京都千代田区一番町25番地
電話:営業 03(3234)4621/編集 03(3239)0927
https://tkj.jp
印刷・製本　株式会社広済堂ネクスト

Printed in Japan
First Published 2021 by Takarajimasha, Inc.
ISBN 978-4-299-06611-4